自由なき世界 下

フェイクデモクラシーと新たなファシズム

THE ROAD TO UNFREEDOM RUSSIA, EUROPE, AMERICA

Timothy Snyder

ティモシー・スナイダー
池田年穂＝訳

慶應義塾大学出版会

自由なき世界（下）　◇目次

上巻目次

第5章　真実か嘘か（二〇一五年）

人は欺かれると物と化す。

――ミハイル・バフチン、一九四三年

あけがたの黒いミルク　僕らはそれを夕方に飲む
僕らはそれを昼に朝に飲む　僕らはそれを夜中に飲む
僕らは飲む　そしてまた飲む
僕らは宙に墓を掘る　そこなら寝るのに狭くない

――パウル・ツェラン、一九四四年

「永遠の政治」に一番乗りしたのはロシアだった。泥棒政治《クレプトクラシー》によって「継承」「統合」「新しさ」といった美徳がありえないものになったので、次は政治の作り話によって、こうした美徳を考えもつかないものにする必要があったのだ。

イヴァン・イリインの思想が永遠の政治に具体的なかたちを与えた。自分たちは無垢なんだという嘘にどっぷり浸かれば、ロシア民族は盲目的な自己愛を身につけることができるだろう。プーチンの懐刀でプロパガンダの達人ウラジスラフ・スルコフは、「永遠」が現代のメディアをいかに活き活きとさせるかを教えてみせた。スルコフは二〇〇九年に小説『オールモスト・ゼロ』

を発表したが、これは一種の政治的告白だった。この物語のなかでは、真実なのはただ一つ、私たちが嘘を必要としていることで、自由になる道はただ一つ、私たちがそれを受け入れることだった。この小説のなかのエピソードとして、主人公が、ひたすら眠り続けるルームメイトに悩まされるくだりがある。専門家が報告書を提出する。「彼が目を開けたとたん、私たちは皆、消えてなくなるでしょう」とその専門家はこっそりと打ち明ける。「この社会がなすべきこと、とりわけあなたがなすべきことは、彼に夢を見続けさせることなのです」。スルコフは、夢を見ている状態を永遠に維持させることが自分の仕事だと解説したのだ。真実など何もないことがただ一つの真実であるならば、嘘つきこそがロシアの崇高な僕《しもべ》となりうるのだ。[*1]

「事実の存在」を否定するところから永遠が始まる。国民が万事を疑いだしたなら、国境の向こうに範となるものがあっても目に入らないし、改革について分別ある議論もできず、政治を変えるために組織をつくるほどには互いを信頼できなくなる。未来を一見もっともらしく見せるためには、現時点での事実も必要だ。そこでスルコフは、イリインに倣って「全体の凝視」という観念を持ちだし、それによって「地政学的な現実」の姿が見えてくると主張した。その姿とは、諸外国が頻繁に攻撃を仕掛けてきて、ロシアを本来の無垢の状態から引きはがそうとしている、というものだ。ロシア人は無知であるがゆえに愛すべき存在なので、彼らを愛するためには彼らをとことん無知にするほかない。未来に待つのは、さらなる遠い未来についての、さらなる無知だけだ。『オールモスト・ゼロ』のなかでスルコフが記しているように、「知れば知識を持てるだけだが、不確かだからこそ希望が持てる」のだ。[*2]

先達のイリインのように、スルコフもまたキリスト教を、自らの創造した至高の世界への入り口と考えていた。スルコフの神とは、世を捨てた無力な相棒、背中を叩いて励ますべき仲間である創造主《デミウルゴス》だ。イリインがしたように、スルコフもおなじみの聖書の一節を持ちだして、その意味をひっくり返した。スルコフが自身の小説に登場させた一人の尼僧は、「コリントの信徒への手紙一」の一三章一三節を引いてこう語る。「先のことが何もわからないから希望が持てるのです。信仰が、そして愛が」。危機を繰り返しでっちあげ、国民をつねに先行き不安な状態にしておけば、彼らの感情を管理して意のままに操れる。これではスルコフが援用した聖書のくだりとは正反対の意味になる。本来の意味では、希望、信仰、そして愛こそが、この世界をありのままに見ることができるようになるにつれて、私たちの前にはっきりとした姿を現す三位一体の美徳だった。このくだりの直前には、他者の視点から見ることを人の成長ととらえる有名な一節がある。「わたしたちは、今は、鏡におぼろに映ったものを見ている。だがそのときには、顔と顔とを合わせて見ることになる。わたしは、今は一部しか知らなくとも、そのときには、はっきり知られているようにはっきり知ることになる」。他者の目から見て最初に理解するのは、自分たちが無垢ではないということだ。スルコフは鏡をおぼろに映るままにしておくつもりだった。

二〇一〇年代のロシアにおいて、おぼろに映す鏡とはテレビ画面だった。ロシア人の九割は、ニュースを知るのにもっぱらテレビを頼りにした。スルコフはこの国の最も有力なテレビ局「チャンネル1」で広報部門を率いたのち、ボリス・エリツィンとウラジーミル・プーチンのメディア担当責任者になった。そしてロシアのテレビが、さまざまな利害を代表する真の複数制から、映像は変われども伝えたいこと《メッセージ》は同じという、偽りの複数制へと切り替わる指揮をとった。二〇一〇年代の半ばには、チャンネル1の国家予算は年間およそ八億五〇〇〇万ドルにのぼった。このテレビ局の社員や他のロシアの国営ネットワークの社員は、権力は現実に存在するが、この世界のもろもろの事実はそうではないのだと教わった。ロシアの通信副大臣アレクセイ・ヴォーリンは、彼らが昇進する道のりをこう説明する。「彼らは黒幕《ザ・マン》のために働くことになる。この黒幕が彼らに何を書くか、何を書いてはいけないか、あれやこれやをどう書くべきかを教えるのだ。この黒幕にはそうする権利があるのだが、それはこの男が彼らに給料を払っているからだ」。事実であるかどうかには制約されなかった。花形の政治テクノロジストのグレブ・パフロフスキーはこう説明する。「何を言ってもかまわない。現実とやらをこしらえるのだ」。国際的なニュースが、その地域のニュースや地元ネタに取って代わり、後者はテレビからほぼ姿を消した。国際報道とは、西側の腐敗や偽善、敵意を毎日延々と流しつづける、というものだ。ヨーロッパやアメリカには見習う価値のあるものなど何もない。真の変化など起こりえない——これこそが伝えたいこと《メッセージ》だった。[*3]

外国の視聴者に向けたロシアのプロパガンダ用テレビ局「RT」でも、目的は同じだった。人々を行動に駆り立てかねない情報はもみ消し、彼らをなだめすかして何もさせないようにするのだ。食い違いを粉飾して澄まし顔で呑みこんで、RTはニュースの報道のしかたを堕落させた——食い違いの粉飾とは、たとえば、ホロコースト否定論者を招《よ》んできて人権活動家と紹介して話をさせたり、ネオナチのゲストを中東の専門家だと説明したりするのだ。ウラジーミル・プーチンに言わせれば、RTは「政府が資金を出しているから、ロシア政府の公式の立場を代弁するほかない」。この立場には現実の世界が欠けていたが、このテレビ局への資金助成は年間およそ四億ドルにのぼった。アメリカやヨーロッパの人々は、このチャンネルが、自分たちの国の指導者の誠実さや自国のメディアの活力に抱いている疑念――ときにはじゅうぶん納得できるものもあるのだが――の拡声器であると気がついた。RTのスローガンになっている「まだ質問があり《クエスチョン》ますよ《・モア》」は、いっそうの不確かな状態を求める気分をあおった。RTが放送する内容が事実かどうかを問うことには意味がなかった。このテレビ局が放送するのは、事実の否定だからだ。この局のディレクターが語るところでは、「客観的な報道なんてものは存在しないさ」。RTはこう伝えたいのだ――すべてのメディアは嘘をついているが、RTは本当のことを言っているふりをしないだけ、まだ正直なのだと。[*4]

事実かどうかは訳知り顔の冷笑によってうやむやにされ、視聴者に求められるのは、ただ眠りに落ちる前にところどころ頷くことだけだった。[*5]

「情報戦が今や戦争の主流だ」。ドミトリー・キセリョフはなんでも知ることのできる立場にいた。キセリョフはロシア国営のメディア複合企業「ロシア・セヴォードニャ」（「ロシアの今日」）のトップで、チャンネル1の日曜夜の人気報道番組『ヴェスティ・ニデーリ』（『今週のニュース』）のキャスターも務めていたが、この番組はウクライナに対する情報戦の攻撃の先頭に立っていた。[*6]

クレムリンが、ロシアによる侵攻の先鋒として最初にウクライナに送りこんだのは、政治テクノロジストたちだった。スルコフが指揮をとるのは、非現実の世界で戦われる戦争である。二〇一四年の二月にスルコフはクリミアとキエフに赴き、その後はプーチンの下でウクライナ問題を担当する大統領補佐官を務めた。またロシアの政治テクノロジストのアレクサンドル・ボロダイは、ロシアによるクリミア併合のさなかにクリミアの報道官を務めた。二〇一四年の夏にウクライナ南東部に新たにつくられた二つの「人民共和国」の「首相」を名乗ったのは、ロシアのメディア担当責任者たちだった。[*7]

　ロシアによるウクライナ南部、さらには南東部への侵攻は、軍事的に見れば控えめなものだが、じつは戦争史上、最も高度なプロパガンダ作戦が行われていた。このプロパガンダは二段階で機能した。第一段階とは、事実の存在そのものを直接攻撃することで一目瞭然のことも否定するというものだったが、戦争があることさえ否定した。第二段階とは、無条件にロシアは無垢であると宣言し、ロシアはいかなる過ちにも責任がないと言い張ることだった。戦争など起きていなかったのだし、ロシアは徹底して正当化された。

　二〇一四年二月二四日にロシアがウクライナへの侵攻を開始すると、プーチン大統領はしらっとして嘘をついた。二月二八日に、「我々は、サーベルをがちゃつかせたり、クリミアに軍隊を送るつもりなどない」と宣言したのだ。ところがプーチンはすでにクリミアに部隊を送っていた。プーチンがこの発言をしたときには、ロシア軍は四日間にわたってウクライナが主権を有する領土を進軍していた。ついでに言えば「夜の狼《ナチヌイエ・ボルキ》」もクリミアにいた。エンジンをふかし大音量をあげてロシア兵たちのあとをついてまわったのだが、これはロシアの存在を紛うかたなきものにするメディア向けの派手な宣伝になった。そこまでいっても、プーチンは、基本的な事実に気づいた記者たちのことは小馬鹿にすることにした。三月四日にプーチンは、ロシア兵に見えたのはウクライナの現地住民で、彼らは地元の店でロシア軍の制服を買って着ていたのだと白《しら》を切った。「ソ連崩壊後の元構成国を覗いてみてごらん」と、プーチンがとぼけて言う。「あそこには似ている制服が山ほどある。店に行けばどんな制服だって買えるのさ」[*8]。

プーチンは旧ソ連圏のどこに対しても、ロシアがウクライナに侵攻していないことを納得させる努力はしなかった。実際、自分の嘘をウクライナの指導層が信じないのも当然だと思っていた。ウクライナの暫定政府は自国がロシアから攻撃を受けているとわかっていたし、だからこそ武力で反撃したりせず、国際社会に対応を求めたのだ。キエフの指導者たちがプーチンの言葉を真に受けていたならば、必ずや抵抗するよう命じていたにちがいない。プーチンの狙いはウクライナを騙すことではなく、ロシアの自国民と結託して知らぬ存ぜぬをおし通すことにあった。国民はプーチンが嘘をついているとわかっていても、彼の言うことを信じるものとされていた。報道記者のチャールズ・クローヴァーは、レフ・グミリョフについての研究書でこう述べている。「プーチンの推測は結局正しかったのだが、嘘をつく方が、ロシアの政治階級を分裂させるのではなくむしろ結束させるのだ。嘘が途方もなく明々白々なものであるほど、臣下たちはその嘘を受け入れることで忠誠心を示そうと逸《はや》り、クレムリン権力の巨大で聖なる神秘に進んで加わろうとする」[*9]。

プーチンが事実の存在を真っ向から攻撃するやり方は、「もっともらしい反証《プロージブル・デナイアビリティ》」の逆で「もっともらしさのない反証《インプロージブル・デナイアビリティ》」とでも呼べるものだ[*10]［著者註：これより古くからある「もっともらしい《プロージブル》」反証というものは、一九八〇年代のアメリカで生まれた発想で、これは人種差別だと非難されずにすむような曖昧なやり方で主張を行うことだ。この手法を共和党の政治戦略家のリー・アトウォーター（一九五一年―一九九一年）が次のように表現したのは記憶に残る。「［ブラウン判決の下った年の］一九五四年に「ニガー、ニガー、ニガー」とはやし立てたのが出発点だとしても、［キング牧師の暗殺された］一九六八年になると、もう「ニガー」とは口にできなくなった――そんなことをすると困った目に遭う。やぶへびになるんだ。だから強制的なバス通学とか、州権とかそんなたわけたことを言うようになった。今ではえらく抽象的になったから、減税の話をしているわけさ。口にすることといえばもっぱら経済の話だが、その思いがけない副産物として黒人の方が白人よりも痛い目を見ているのさ」。こんなふうに話した者が人種差別を責められても、自分はとくに黒人について話していたわけではないと、もっともらしく答えることができたのだ］。プーチンは衆知の事実を否定することで、国内では国を一つにまとめる作り話をこしらえ、ヨーロッパやアメリカのニュースデスクには苦々しいジレンマをもたらした。西側のジャーナリストは事実を報道するよう教わっていたし、三月四日にもなると、ロシアがウクライナに侵攻したことを示す事実に基づく証拠が圧倒的だった。ロシアとウクライナのジャーナリストは、ロシア兵がクリミアを行進する様子を撮影している。ウクライナの人々は、一足先にロシアの特殊部隊を「異星人《リトルグリーンマン》」と呼んで、記章のない制服をまとった兵士たちは、おそらく地球外からやってきたにちがいないとのジョークを飛ばした。兵士たちはウクライナ語を話せなかった。地元のウクライナ人たちは、ロシアのいろいろな都市に特有で、地元ウクライナでは使わないロシア語のスラングを兵士たちが話すことにもすぐに気がついた。報道記者のエカテリーナ・セルガツコーヴァは、「この『異星人《リトルグリーンマン》』たちは、自分たちがロシアから来たことを隠そうともしない」と指摘した。[*11]

とはいえ西側のジャーナリストたちは、事実のさまざまな解釈を報道するようにとも教わっている。しかし「どんな話にも表と裏がある」との格言が当てはまるのは、どちらの側を代表する者も、この世界に事実が存在することを認めて、同じ一連の事実を解釈する場合にかぎったことだ。「もっともらしさのない反証」というプーチンの戦略は、この従来の考えにつけこんで、その前提を破壊するものだった。話の片側に身を寄せてみせながら、事実の存在を小馬鹿にしたのだ。「私はあなたにおおっぴらに嘘をついていて、そのことを私たちのどちらも知っている」というのでは、話のどちらかの側にいることにさえならない。それは罠なのだ。[*12]

二〇一四年の二月末から三月初めにかけての数日間にロシアによる侵攻の報告が入っていたにもかかわらず、西側の編集者たちはプーチンの饒舌な否定の方を採用することにした。こうしてロシアによるウクライナ侵攻の物語は、一見気づきにくいが根底から変化してしまった。報じられるのが、ウクライナで今現実に起きていることではなく、ロシアの大統領がウクライナについてこう語ると決めた話になったのだ。現実の戦争がテレビのリアリティ・ショーと化し、そこではプーチンがヒーローだった。新聞雑誌の多くが、このドラマの脇役に甘んじた。西側の編集者たちはしだいに鋭い目を向けはじめたが、その批判もクレムリンの言い分に疑いをもつところまでで止まっていた。ロシアが実際にウクライナに侵攻していたことをあとからプーチンが認めても、だからといって西側の新聞雑誌がプーチンのショーで一役買っていたことがはっきりしただけだった。

「もっともらしさのない反証」に続くロシアの第二のプロパガンダ戦略は、自国の無垢を宣言することだ。よって、この侵攻は、弱小隣国がとことん無防備になった瞬間に強国が攻めこんだ、というものではなく、抑圧された人々が強大な世界的陰謀に対して起こした正義の反乱と理解されるべきだ。三月四日にプーチンは次のように語った。「ときおりこんな感じがするんだが、大きな水たまりの大西洋を越えてアメリカにゆくと、人々が、自分たちのしていることがどんな結果を招くのか本当はさっぱりわかっていないのに、実験室にこもってまるでラットでも使っているように実験をしている、とね」。そうだ、戦争など起きていないし、たとえ起きているとしても、非はアメリカにある。そしてアメリカは超大国だから、そのやりたい放題の悪だくみに対抗するには、どんなことをしても許されるのだ。たとえロシアが侵攻していたとしても、まあそうしているともしていないとも言えるのだが、ロシアが何をしようがしまいが、この国が正しいのはどのみち明らかになることだ……。[*13]

この侵攻のさいに選んだ戦術は、無垢を訴えるこの戦略に役立った。たしかにロシア兵の制服に記章がなく、ロシア軍の武器や装甲、装備や車両に何の徽《しるし》もないからといって、ウクライナの誰をも納得させることはできなかった。とはいえ真の狙いは、勇敢な現地住民がアメリカという超大国に異例の手段で立ち向かう、テレビドラマさながらの空気をつくることにあった。この不条理劇をロシア国民は信じるよう期待された——テレビ画面で見る兵士たちは自国ロシアの軍隊などではなく、ウクライナの血気盛んな反逆者の寄せ集めで、彼らは測り知れない力を持つアメリカが後押しするナチス政権から自国ウクライナの民《たみ》の名誉を守ろうとしているのだ。記章がないのは、証拠になるならないでそうしているのでなく、むしろロシアの視聴者が筋書きを追うためのヒントにすぎなかった。事実として納得させるのではなく、彼らを物語のなかに誘《いざな》うことが目的なのだ。[*14]

この大芝居のために地元のパルチザンのふりをした本物の兵士たちは、よってパルチザンの戦術を使うことができ、そのせいで本物の民間人を危険に晒すことになる。これは「逆非対称」とも呼べる戦争の一戦術だ。普通は「非対称戦」とは、パルチザンの兵士やテロリスト集団が、自分たちより強い正規軍と戦うさいに、型破りの戦術を用いることだ。ところがロシアによる侵攻の場合、強者が弱者のふりをするために、弱者の武器——パルチザンやテロリストの戦術——を用いた。ただでさえ違法である侵攻のさなかに、ロシア軍は、端《はな》から故意に戦争の基本的な法すら破っていた。ロシアによる侵攻を否定しつつも、プーチンはこの戦闘のしかたを承認した。三月四日にプーチンは、ロシア兵が民間人のなかに隠れることを予言した。「あの［ウクライナの］部隊が自国民を撃とうとするのを見るがいい。我々はその後ろにいるのだ——前ではなく後ろにだ。連中の好きなように女子どもを撃たせてやるがいい[*15]！」

二〇一四年の三月、クリミアをめぐる戦いはロシアがあっけなく勝利した。その後、ロシアによるウクライナ南東部への介入が続いた。この第二の戦いにおいても、「もっともらしさのない反証《インプロージブル・デナイアビリティ》」によって、またもロシア国民の忠誠とジャーナリストの勇気が試され、「逆非対称戦」によって、またも違法な戦争が犠牲者の頭のまわりの光輪《アウレオラ》のなかに隠されてしまった。この二つの戦術によって永遠の政治が現実のものとなったし、永遠の政治においては他国の敵意と正当な抵抗のほかは何も起きていないとの主張に呑まれて、事実がどうかなど消滅してしまう。プーチンはスルコフの助けを借りて、ロシア国民を、この国がこれまでつねにやってきたように自己防衛を続けるという永遠のサイクルに導いたのだ。

　永遠とは、過去からいくつかの瞬間を取りだし、それらを正義の瞬間として描きだし、そのあいだの時間をなかったものとして捨て去ることだ。この戦争でロシアの指導部は、すでにこうした二つの瞬間について触れていた——一つは九八八年のヴォロディーミル（ヴァルデマー）のキリスト教への改宗で、これによってウクライナとロシアは未来永劫一つの国家になったとされた。そして今一つは、一九四一年のドイツによるソ連への侵攻で、これがあったことによってウクライナの今回の抗議運動はどういうわけかファシストによる脅威と見なされるようになった。二〇一四年四月、ウクライナ南東部まで介入を広げることを正当化するために、プーチンは三度《みたび》過去に言及することにした。今度は一七七四年だった。この年、ロシア帝国がオスマン帝国を破って黒海北岸の領土を併合し、その一部は現在ウクライナの領土になっている。これらの土地は一八世紀には「ノヴォロシア」（「ニュー・ロシア」）と呼ばれていた。プーチンはこの言葉を持ちだすことで、現在のロシアとウクライナをひとまず脇に置いて、話を古《いにしえ》の時代の権利にすり替えた。

「ノヴォロシア」の理屈で言えば、ウクライナは侵略者だった。ウクライナには、かつてはロシアのものと呼ばれ、ゆえに永遠にロシアのものである土地が含まれているからだ。斬新な発想の転換によって、ロシアも第三者の国々も、現在の退屈な事実を忘れることができた――例を挙げれば、ロシア連邦とウクライナが共存してきたこの二二年間、モスクワはロシア系ウクライナ人の扱いについて、ただの一度も正式に不満を表明したことなどなかったという事実があった。[*16]

　ロシア連邦の国民の大半は、二〇一四年の三月、四月になるまで――このときはじめてスルコフとドゥーギンがこれを喧伝し、その後プーチンがこれを政策にしたのだが――「ノヴォロシア」という言葉がこの意味で使われるのを聞いたことがなかった。一八世紀のロシア帝国の領土は、プーチンや、のちにロシアのメディアが定めた地域――すなわちクリミア、ドネツク、ルハンシク、ハルキウ、ドニエプロペトロフスク（ドニプロペトローウシク）、ザポリージャ、ムィコラーイウ、オデッサ、そしてヘルソンといったウクライナの九つの州――とは異なっていた。また歴史的な解釈からすれば、この言葉にはプーチンにとって予想外の意味もあった。女帝エカテリーナは、イギリス帝国の植民地開拓者がたとえば「ニュー・イングランド」とか「ニュー・サウス・ウェールズ」といった言葉を使ったのと同じように、この「ニュー・ロシア」という言葉を使っていた。帝国時代には、入植者《コロナイザー》以外の人間の住む地域は、植民地という観点からすれば「新しい《ニュー》」ものだった。「新しい《ニュー》」とは、その地域がまだ帝国には属していないことを意味する。こうした土地は植民地大国の元にとどまるとはかぎらなかった。ニュー・イングランドもニュー・サウス・ウェールズも、今ではイギリスの一部ではないのは、ニュー・ロシアがロシアの一部ではないのと同じである[*17]。

　二〇一四年三月にウクライナ南東部でスルコフとグラジエフが反乱軍を組織しようとしたとき、ロシアのテレビ画面には「ノヴォロシア」の地図があふれていた。地図の示した広大な領土とは、ロシアがこれを手中にしたあかつきには、ウクライナを黒海の諸港と切り離し、占拠したロシアとは地続きでないクリミアを

ロシア連邦の領土とつなげるものだった。[*18]

三月にロシア軍は、ウクライナと国境を接したロシアの二つの州、ベルゴロドとロストフに集結した。その目的は、基本的に先の二月のモスクワによる計画と同じで、また一歩進んでウクライナの（前述の九州からすでに既成事実化したクリミアを除いた）八つの州で州庁舎を力ずくで奪取し、建物内で信奉者たちに独立を宣言

させ、ウクライナを内部から分裂させることにあった。

そういうわけで二〇一四年の春、ロシアの政治テクノロジストたちが、次なる任務にとりかかるべくウクライナにやってきた。クリミアに続いてウクライナ南東部を、はるかに大胆な、ただしはるかに曖昧な理屈によって占領するのだ。アレクサンドル・ボロダイは、ロシアが資金提供する政党を任された。ボロダイの説明によれば、ウクライナに侵攻することで、「我々はロシアの世界規模の計画のために戦っている」。ボロダイの盟友のロシア軍参謀本部情報総局（GRU）の大佐イーゴリ・ギルキンは、ウクライナ南東部の軍事作戦を指揮することになった。二〇一四年の四月にギルキンは、スラヴャンスクの市街に姿を現した。モスクワは、ボロダイとギルキンが自分たちの手先であること、あるいは二人がウクライナにいること、あるいはそのどちらも否定した。ウクライナの戦地に送られたギルキンの部下であるGRUの兵士たちにとって、それは愉快なことではなかったし、ついに我慢も限界に達した。四月一七日にスラヴャンスクで野戦本部を築いていたロシア兵は、自分たちを義勇兵だと語るロシアのプロパガンダを地元の人々が信じていることに苛立って言った。「おれたちはGRUの特殊部隊なんだぞ」[*19]。

そうこうするあいだもウクライナの国は重圧に苦しんでいた——クリミアはすでにロシアに占拠され、南東部にもロシア兵たちがいた。革命のあとに高い期待を寄せる市民もいれば、それに反対する市民もいた。大統領選挙を計画する必要もあった。そんな体たらくだった。とはいえ、「ノヴォロシア」を掌握しようというロシアの計画は、夏までには頓挫した。三月から四月にかけてウクライナの州庁所在地でロシアが起こしたクーデターは、ほとんどが失敗に終わった。ロシア人と地元の共謀者がお定まりのごとく州庁舎の占拠を企てたが、さほどのことは起きなかった。たしかにこの南東部諸州のウクライナ市民は、おそらくウクライナ語ではなくロシア語を第一言語に挙げるだろうし、おそらく二〇一〇年にはヤヌコーヴィチに投票しただろうし、おそらくマイダンに出かけたりはしなかっただろう。だからといって彼らが、ロシアによる支配や国外からの軍事介入による政権交代を支持している、というわけではなかった。[*20]

クリミアが併合されたあとの「ノヴォロシア」の作戦が成功したのは、八つの当該する州のうちルハンシクとドネツクのわずか二つで、しかもその一部にかぎられた。ドンバスとまとめて呼ばれるこの二州では石炭がとれるものの、ロシアは石炭を必要としていなかった。だが両州ともロシア連邦と国境を接しており、そのため地元のオリガルヒが土壇場で抵抗をためらった。ロシアは、その二州よりはるかに関心を寄せていた、ハルキウ、オデッサ、ドニプロペトローウシクといった州には足場を築けなかった。ハルキウとオデッサはロシアがロシア文化の中枢とみなす地域であったし、ドニプロペトローウシクは両国の共有する軍産複合体の中心地だった。ドニプロペトローウシクは、新しく知事になったイーホリ・コロモイスキーのもとで、ロシアの侵攻に対する抵抗運動の拠点になった。知事はロシア兵たちの首に賞金をかけた。建物にのぼって自撮りをしたがった一人のロシアの若者によって、ロシアの国旗がハルキウの空につかのま掲げられたが、その日のうちにこの州庁舎はウクライナの手に戻った。オデッサでも、州庁舎を襲撃する最初の試みは失敗に終わった。[*21]

三月から四月にかけてオデッサの住民は、ロシアによる侵攻に備えて動いていた。地元の名士たちが、ロシアによる保護は自分たちには必要ないと訴える嘆願書をプーチンに送っていた。ロシアの特殊部隊がやってきたら抵抗すべく、民兵訓練に参加する者もいた。ロシアのテレビは来る日も来る日も、ウクライナのナショナリストたちがこの地を襲って大混乱を引き起こすところだと言い張ったが、そんなことは起きてもいないし、起きる気配もなかった。五月一日にオデッサの一部の住民が(いくらかのロシア市民と一緒に)「ノヴォロシア」への支持を訴えて行進した。翌日には親ロシア派と親ウクライナ派の集団が街頭で衝突したが、どちらも武装していたし、親ウクライナ派の方が多勢だった。どちらの側も火焔瓶《モロトフカクテル》を投げた。親ロシア派の一部が「教授たちの屋敷」と呼ばれる建物のなかに撤退すると、そこでさらに火焔瓶《モロトフカクテル》の投げ合いが続いた。建物に火がつき、親ロシア派の抗議者たちが多数死亡した。こうしてウクライナの内部で反乱を焚きつけようとした、このロシアの企ては立ち消えになった。[*22]

プロハーノフは、オデッサでのロシアのクーデター失敗をなんとホロコーストになぞらえた——一人の反ユダヤ主義者が、ユダヤ人の大量殺戮を引き合いに出して侵略戦争を正当化しようとしたのだ。永遠の政治は過去の中身を食いつくし、あとに残るのは、何もかもを正当化する無限の無垢だけなのだ。[*23]

二〇一四年の五月になると、すでに掌握していたルハンシク州やドネツク州の一部地域でも、ロシアにとって雲行きは怪しくなった。ウクライナ軍は規模は小さかったとはいえ、スラヴャンスクでギルキンのＧＲＵを翻弄するにも、彼がかき集めたロシアの義勇兵やウクライナの分離主義者を打ち破るにも十分過ぎるほどだった。ついにギルキンは、「この州全体で、自分の町を命がけで守る気のある一〇〇〇人の男すら見つからないとは、正直言って思いもよらなかった」と言って地元住民の助けを乞うた。ドネツクとルハンシクの全域をすぐにもウクライナが奪還できそうな勢いだった。前進してくるウクライナ軍に立ち向かうには、ロシアからの援軍が必要になるだろう。そこでほとんどがチェチェン人から成るヴォストーク大隊が、ロシアから国境を越えてウクライナに入った。五月二六日、この部隊はロシアからの義勇兵とともにドネツク空港を襲撃したが、ここを守るウクライナ軍に反撃され、かなりの数の犠牲者を出した。[*24]

この襲撃の失敗によるロシアの義勇兵の死者は、少なくとも三一人はいた。彼らが家族や友人をロシアに残してここにきたのは、「ノヴォロシア」で「ファシズム」や「ジェノサイド」が発生しているとのメディアの作り話のせいだった。それでもロシアの主要メディアが彼らの死に触れることはなかった。埋葬のためウクライナからロシアまで運ばれる遺体に付き添ったロシア人ジャーナリストのマリア・トゥルチェンコーヴァは、この点をずばりと突いた。「ここ何ヶ月間も国内のテレビチャンネルは、ウクライナ東部でロシア人のジェノサイドが起きていると世間に思わせてきたのに、五月二六日にドネツクで三一人のロシア人が殺されたことを報じたロシア国内のテレビチャンネルは、ただの一つもなかった[*25]」。

この三一人のロシア人のなかに、エフゲニー・コロレンコがいた。コロレンコは金に困っていて、ドンバスに行けば「運が開ける」と妻に話していた。それから妻はインターネットで夫の遺体の写真を見つけた。それが夫であると、最初はどうしても認めたくなかった。「あの人には似てないわ」。そう思った。それからもう一度目をやった。夫がつけていたチェーンの首飾り。鼻のかたち。夫の遺体は仲間の遺体とともにロストフ市に運ばれた。ある葬儀屋は遺体を預かるのを断った。お上に楯突くとみなされるのを恐れたからだ。「わかってくださいよ。戦闘で死んだロシア市民なんですよ。けど、わたしらの国ロシアはウクライナで戦争なんかしてないんですから」。当局のとある人物から、妻は自分の置かれた状況について、次のような説明を受けた。「あなたは物わかりの良い大人だ。ロシアは組織的な軍事活動などいっさいしていませんよ。あなたのご主人は、あの街中で、自ら進んで銃撃に身を晒したのですよ[*26]」。

二〇一四年の六月も終わりに近づくまでには、モスクワ当局は「ノヴォロシア」という言葉を使うのをほぼやめてしまった。そして作戦を切り替え、占拠したドンバスの一部を、ウクライナ国家にとって消えない火種にすることにした。死亡したヴォストーク大隊の一部のチェチェン人はオセチア人にすげ替えられたが、どうやら彼らはアメリカと戦うためにここに送られたと思っているようだった。「ヴォストーク」という名は、大隊がウクライナ国家と戦う大義を見出したウクライナの地元住民を受け入れるようになってもそのまま残された。そうした地元住民のなかには、イデオロギー的な動機から志願したウクライナの元保安将校たちもいた。その一人、(「ドネツク人民共和国」安全保障相を名乗った)アレクサンドル・ホダコフスキーはこう語った。「ここで戦うのは自分たちのためではない。ロシアのためだ」。しかしロシア側で戦ったウクライナ市民の大半は、暴力を目の当たりにしたこと、すなわちロシアがパルチザン戦を選んだ結果として諸都市が砲撃された経験から、紛争に引き寄せられたふしがあった。[*27]
　七月五日、ウクライナ軍に惨敗したギルキンは、プーチンの勧める行動に出た。地元住民を「人間の盾」にしたのだ。ギルキンは自軍をドネツクまで退却させ、他のGRUの指揮官もそれに倣った。そのため、ギルキンも承知していたとおり、今度は間違いなく民間人がこの戦争のおもな犠牲者になった。ウクライナ側はロシアやその地元の協力者と戦うために都市を砲撃し、かたやロシア側も同じことをした。パルチザン戦の用語で言えば、これは「積極的」動員から「消極的」動員への転換だった。パルチザンの大義のために戦うこと（積極的動員）を誰も望まないなら、敵が民間人を殺す状況をパルチザンの指揮官がつくるまでだ（消極的動員）。この戦術を選んだのは自分だとギルキン本人が語っている。ギルキンにインタビューしたロシア人の一人は、ギルキンのことを、軍事目標を達成するためなら女性や子どもの命さえ喜んで犠牲にする男だと評したが、それは的を射ていた。新兵を獲得するために都市を破壊したのは、たしかにギルキンのお手柄だった。[*28]
　砲弾が炸裂するなか、ドンバスのウクライナ市民には、当然ながらこの状況の全体像などつかめなかった。彼らの多くは、ウクライナの諸都市に重火器を使ったことでウクライナ軍を非難した。インタビューを受けた親たちは、子どもが砲弾の音から大砲の種類を聞き分けられるようになったと話した。ある母親は、子どもがいつも遊んでいた庭が砲撃されたあと、ウクライナ軍と戦うべくロシア側に加わった。二〇一四年の夏に分離主義者の仲間入りをしたウクライナ市民は、砲撃によって女性や子ども、年寄りが死んだことがきっかけで武器を手にしたと繰り返し語った。

ある調査によれば、この経験こそが――「分離主義」や「ロシアのナショナリズム」といったイデオロギーよりも――ウクライナ市民がウクライナ軍と戦うことを選んだいちばんの動機だとわかった。[29]

凄惨な死を目の当たりにした人々は、こうした死に何かもっと大きな意味を授けてくれる物語を信じやすくなっていた。こうした物語を提供してくれたのが、ロシアのテレビだった。近所に落ちた砲弾を誰が撃ち込んだのかはわからなかったが、ロシアのテレビ――ロシアの支配下にあるウクライナの地域ではこれしか観られなかった――はウクライナ側に責任をなすりつけた。ロシア側で戦ったウクライナの市民の一人は、こう振り返る。ウクライナ軍は大量虐殺を行う集団だと教われば、一人ひとりのウクライナ兵のことを、撃ってもかまわないし、むしろ撃たねばならない「人間の姿をしたもの」だと楽に思えるようになった、と。そしてまた、分離主義者が自分たちの見てきたものと同じ類いの殺戮をもたらすと、かえって無垢の物語は非の打ち所のない真実となっていった。自分が犯してしまった殺人の理由が偽りであったなどと認めるのは、そう容易なことではなかったからだ。[30]

二〇一四年の夏までにドンバスをこうした状態にしたあげく、ギルキンはロシアに引っこんだ。新たに治安部隊の指揮官になったウラジーミル・アンチュフェエフは、「凍結された紛争」と呼ばれる地政学的状況におけるロシア屈指のスペシャリストだった。凍結された紛争のもと、ロシアは近隣諸国（一九九一年からはモルドヴァ、二〇〇八年からはジョージア、二〇一四年からはウクライナ）の小規模な領土を占領しているし、その後では、ロシアによる占領をその国がEUやNATOと緊密な関係を結ぶのを阻止するためのロシアの国内問題に見せかけている。[*31]

凍結された紛争では、地元の人々の感情は政治的資源としてのみ意味を持つ。彼らは殺すか殺されるかを唆《そそのか》されることはあっても、自身の希望が満たされることはありえない。なぜなら、紛争を凍結させる目的は、いかなる解決をも阻むことにあるからだ。アンチュフェエフは以前に、ロシア軍に占拠されたモルドヴァの一角「トランスニストリア」で経験を積んでいた。非公認のこの極小国家の安全保障を任されていたのだが、この男がドネツクに来たことは、似たような未来が「ドネツク人民共和国」に待っていることの予兆であった。この国は永久に曖昧な状態で存続することになる、とアンチュフェエフは宣言した。彼はこの国を「独立国家」と呼んだが、そう認識する者は誰も（ロシアを含めて）いないだろうとも述べた。ロシアとの統合もまた「今日なすべき課題」ではなかった。[*32]

アンチュフェエフにとっては、ドンバスの住民の願いよりも、彼が悪魔《サタニック》のような西側と呼ぶEUやアメリカとのはるかに壮大な戦いの方が、優先順位は上だった。この世界規模の戦争の潮目を変える攻撃を仕掛けることを、アンチュフェエフは約束した。彼によれば、ソ連が崩壊したのは自国の問題が原因ではなく、西側が謎めいた「破滅的テクノロジー」を用いたからだ――〔このフレーズは本書で引用されてはいないが〕イズボルスク・クラブのマニフェストにも含まれていたのだが、この「破滅的テクノロジー」というフレーズは「事実」のことをさしていた。アンチュフェエフの主張では、ロシアがウクライナに侵攻したのは、「ヨーロッパやアメリカのフリーメーソン」と「ウクライナのファシスト」の同盟から無垢なるロシアがその身を守るため、と理解されるべきだった。アンチュフェエフはスキゾファシズムの達人だった。ロシアは「ファシスト」と戦っていたが、このファシストたちはどういうわけか国際的な「フリーメーソン」と結託していた。だがメーソンの世界的な陰謀という発想は、そもそもファシストのものである。アンチュフェエフはなんと、このファシストの世界認識を利用して、自らをファシストの敵だと見せかけた[*33]。

ウクライナは反ロシアの世界的陰謀の中心にいるので、ここで勝利すれば世界を変えられるだろう。そうアンチュフェエフは考えた。彼の説明によれば、ロシアがウクライナに介入するのは、強欲なアメリカからロシアの天然ガスや真水を守るためだった。すべてつながっている戦争だったが、勝ち目もあった。アンチュフェエフの目から見れば、「ウクライナは分裂しかけている国である。まさにア

メリカとそっくりだ」。アメリカの崩壊は願ってもないし、必ずや起きることだった。「アメリカのような悪魔の創造物からこの世界が救われれば、誰もが生きやすくなるだろう。近いうちにそれが実現するのだ……」[*34]。

二〇一四年七月、ウクライナ軍に向けたロシアの反撃が、ロシア連邦の領土内から開始された。最初は国境のロシア側から大量の弾幕砲撃が浴びせられた。ルハンシク州の国境に沿って哨戒していたウクライナ兵の一人、イェヘーン・ジューコフは、七月一一日のロシア軍による最初の集中砲火が招いた惨状を記録に残した。その晩、フェイスブックに投稿したのは、自分や仲間が戦闘中だったとの報告を訂正したかったからだ。そうじゃないのだ。ジューコフが正確に述べているように、彼らは「ルハンシクの国境沿いのウクライナ陸軍基地にロシア側から向けられた、周到に準備され、厳密に予行演習され、戦果を挙げた砲撃」の標的になっているのだ。彼は殺された七九人の仲間のうち、できるかぎり多くの者について書き記した。そして投稿の最後で、彼ら全員に「深い敬意」を表した[*35]。

ジューコフが記したのは、ロシアがウクライナ軍に仕掛けた大規模な砲撃作戦の第一弾で、それは以後四週間にわたって続けられた。八月八日までロシアの砲兵隊は、国境のロシア側の少なくとも六六ヶ所の拠点から砲撃を繰り返した。ジューコフの部隊のようなウクライナ軍部隊には手も足も出なかった。ウクライナは、情報戦争の面でもつねに不利な立場にあった――ヨーロッパやアメリカの識者のなかには、戦争がまだ続いていることにも、ロシア側が攻撃を仕掛けていることにも、いまだ半信半疑の者がいた。この五里霧中の状況で、もしもウクライナ側がロシアの領土を攻撃していたなら、政治的に深刻な危機に陥っていたことだろう。かくして情報戦争は、現場の戦況をも左右した。ロシアが自国内からウクライナを攻撃しても後くされはなかったが、お返しにウクライナが同じ手を使うわけにはいかなかった。砲撃を浴びたウクライナ兵のなかには、国境を越えてロシアに逃げこむ者すらいた。ロシア領内にいれば安全だとわかっていたからだ。その間、ロシアとウクライナの国境付近にいたロシアのジャーナリストたちは、「ロシア軍がロシアの領土からウクライナを砲撃している」ことを苦もなく目にとらえることができた。国境地帯のロシア市民は、交戦中のロシア兵をビデオで撮影した。ロシア側のマトヴェエフ・クルガンに駐留していたロシア兵、ヴァジーム・グリゴリエフは、「ウクライナ軍を一晩中叩いてやった」と自慢げにフェイスブックに投稿した。[*36]

軍隊とは通常、民間人は自軍の大砲の射程内から避難させ、敵の反撃によって殺されないようはからうものだ。ところがそうした命令をロシア当局が出すことはなかった。おそらく反撃などされないと確信していたからだろう。国境を挟んだロシア側の子どもたちは、ウクライナ側の子どもたちとは違って、砲撃の真っ只中でも眠っていて大丈夫だと気がついた。こっちに向かって砲弾が飛んできたりはしないからだ。地元のロシア人のなかには、この一方的な戦争に居心地の悪さを感じる者もいた。自分たちの農場が、自分たちとさほど変わらぬ人々に死の雨を降らせるのに使われていたからだ。とはいえ、自分たちは安全だという意識と、テレビのプロパガンダのおかげで、後ろめたさも和らいだ。「ひどいこった。だがとうにわかっていることさ。砲弾はおれたちを狙ってるんじゃなくて、おれたちから飛ばしているってことを」。そして「おれたちから」飛ばしているなら、それは正しくて良いことにちがいない。「ロシア人は国境からファシストを一掃しているのさ」。結局、地元のあるロシア人が口にしたように、もしもウクライナ側で「ナチスがジェノサイドを行っている」のなら、こうした尋常でないやり方も許されるにちがいなかった。[*37]

砲撃について報じたロシアのジャーナリストたちは、その身を危険に晒していた。その一人、エレーナ・ラチョーワが、クイビシェヴォでFSBの将校たちに話を聞いていたときに、今では日課となった連続砲撃が始まった。「これはグラート（自走多連装ロケット砲）かしら？」こう彼女が聞いたのは、皆が一瞬動きを止めて、この大砲に特徴的な轟音を聴いたあとのことだ。FSBの全員がにやりと笑った。「雷だね」と一人が言った。「おれには何も聞こえなかったけど」と二人目が言った。「ありゃ女房がおいらを呼んでる声さ」と三人目がジョークを飛ばした。「礼砲だよ」。この洒落で話はおしまいだった。「かまいませんよね」とラチョーワが言った。「このことを書いても」。すると返ってきたのは脅し文句だった。「そしたらおれの仲間が来て、これは礼砲だってことをもっと懇切丁寧に教えてやるさ」。[*38]

ウクライナ軍はロシアを砲撃できなかったが、ウクライナ国内にいるロシア兵やその協力者を砲撃することはできた。ロシアによる砲撃作戦は、ギルキンが自軍をドネックの市内に撤退させてからわずか六日後に始まり、その後三週間にわたって続いた。ウクライナの兵士たちがロシアから撃ち込まれたグラートで木っ端微塵にされたので、今度は彼らの仲間が自分たちのグラートを、ロシアの正規軍や義勇兵、地元の協力者が隠れているウクライナのさまざまな都市に遠慮なく向けた。「ドネツクで今まで続いている砲撃は、私の責任だな」とギルキンは認めた。ロシアのジャーナリスト、ナターリャ・テレジナはテレビが流す作り話を見破った。そこでは勇敢な兵士たちが、彼女の目撃した砲弾戦から民間人の身を守っている。「ですが、そんな現実はテレビの画面のなかだけの話で、私のまわりにはありません。ここにあるのはただの戦争です。どちらの側も砲撃し、民間人の命など誰も助けてはくれません」[*39]。
それが事実だった。

ロシアがウクライナへの砲撃を始めた翌日、ロシアのテレビはどちらが無垢かの比べあいを強引にあおる火種を持ちだした。二〇一四年七月一二日、チャンネル1はスラヴャンスクで三歳のロシア人の少年がウクライナの兵士たちに磔《はりつけ》にされたという衝撃的な――そしてまったくの作り話の――ニュースを伝えた。これには証拠がいっさい提供されず、ロシアのフリー・ジャーナリストたちは、この記事の問題に気がついた。話に出てくる人物は誰一人存在しないし、残虐行為が行われたとされる「レーニン広場」も実在しないのだ。この点を突きつけられたロシアの通信副大臣アレクセイ・ヴォーリンは、肝心なのはとにかく視聴率なのだと説明した。視聴者がこの「クルーシ・フィクション」――「磔」(crucifixion)でなく「磔の作り話」(cruci-fiction)――を観てくれたのだから、けっこうな話ではないか、と。[*40]

どうやらこの「磔の作り話」はアレクサンドル・ドゥーギンが自ら考えたものらしく、ちょっと形を変えたものが一足先に彼個人のソーシャルメディアにあがっていた。殺された無辜《むこ》の民のイメージは、ロシアを諸国民のなかのキリストに、ロシアが攻撃を仕掛けた戦争をロシアになされた極悪非道への返礼にしたてあげた。ロシアによる介入の目的は、名目上はロシア語話者、もしくはプーチンの言う「ロシア世界」を守ることにあった。ところが、この紛争の当事者の誰もがロシア語を話すのだから、ロシアによる介入はロシア語話者を守るよりもむしろ殺していたのだ。それでもこの不都合な事実は、ドゥーギンが「原型《アーキタイプ》」と好んで呼ぶもの、すなわちここではキリスト殺しを持ちだすことで克服できた。何千人ものロシア語話者を殺《あや》めることになった、問題あるロシアの指導者たちが始めたこの血塗られた混迷する戦争は、無垢なるロシアにとっての受難《マーターダム》であるとされたのだ。[*41]

ロシアのテレビは、「もっともらしさのない反証《インプローシブル・デナイアビリティ》」をするには便利な道具だった。テレビは、ロシアの特殊部隊や情報機関、指揮官、義勇兵、武器の存在を否定した。ギルキンやボロダイ、アンチュフェエフといった異彩を放つロシア市民たちがロシアのテレビ画面に登場し、「ノヴォロシア」の活動家とか「ドネツク人民共和国」の行政官だと紹介される。ロシアの兵士たちをウクライナの義勇兵だとうそぶく同じロシアのテレビチャンネルが、どう見てもロシアの最新兵器にちがいないものを携えて戦う男たちの映像を流す。ロシアでも最新鋭の戦車がウクライナ国内に出現したが、これはロシアの国外向けには販売されていないし、これまで国外で目撃されたこともない。自国の軍隊が実際にウクライナにいるのかそれともいないのか——それは明々白々のことだったが——ロシア人は自分で判断するものとされていなかった。それよりもテレビドラマのヒントをたどる方が大事なのだ。ロシア人もその兵器も地元のものだとナレーターが言うのなら、その話を信じればいいだけのことだ。[*42]

　ロシアから搬送され、ロシア兵が配置した極めつけの兵器は、地対空砲だった。これが二〇一四年の五月から六月にかけて戦況を一変させた。ウクライナ軍は、規模は小さくとも制空権を握っているかぎり、ロシア兵やその地元の協力者に圧勝していた。ところが五月になると、ロシアは地対空兵器とそれを操作する部隊を配備し始めたため、ウクライナ空軍はあっという間に消耗した。まずヘリコプター四機が撃墜された。六月には固定翼機二機が、七月には固定翼機四機が撃ち落とされた。ウクライナ軍司令部はドンバス上空の飛行を中止せざるをえず、それがロシアにとって好機となった。[*43]

　二〇一四年六月二三日、ロシア陸軍の多数ある護送車列《コンボイ》の一つがクルスクの基地を出発した。ロシアの第五三防空旅団の分遣隊で、「３３２」と表示された地対空ミサイル・システム「ブーク」を搭載し、ドネックに向かっていた。七月一七日の朝、このブーク・システムはドネックからスニジネまで牽引され、それからこの町の南にある農場まで自走で移動した。ちょうどそのころ、アムステルダムからクアラルンプールに向かっていたマレーシア航空ＭＨ17便が、ウクライナの南東部を通過していた。同便は認可された経路を、正常な高度で、航空交通管制官と定期的に連絡を取りながら飛んでいた――地対空ミサイルが突如これを破壊するまでは。[*44]

午後一時二〇分にマレーシア航空MH17便を襲った数百個もの高エネルギーの金属発射物は、スニジネにあるロシアのブーク発射台から放たれたミサイルが搭載する、9N314M弾頭の爆発により放出されたものだった。発射物はコックピットを切り裂き、パイロットを即死させ、のちに彼らの遺体から複数の金属片が摘出された。機体は地表から一〇キロメートル上空で飛び散り、乗客とその所持品が半径五〇キロメートルにわたって散乱した。ギルキンは自分の部下たちが「我々の空域」でまたも別の飛行機を撃墜したと誇らしげに語り、他の指揮官たちも似たような発言をした。「ドネツク人民共和国」安全保障相のアレクサンドル・ホダコフスキーは、当時ロシアのブークは実戦配備中だったと報道陣に語った。ブークは大急ぎでウクライナからロシアに引きあげられたが、その道中で、ミサイル格納部分が空《から》の状態の写真が撮られていた。何が起きたのかは一目瞭然だった。[*45]

二〇一四年七月一七日の午後の数時間だけは、「重力の法則」が「永遠の法則」に挑戦状を突きつけたかに見えた。どう見ても被害者は、ミサイルを発射したロシア兵ではなく、死亡した乗客たちではないか。ロシアの国連大使ですら、しばし狼狽し、ロシアの兵器がなぜ民間の旅客機を攻撃したのかを説明するのに、「混乱」を言い訳にした。とはいえスルコフの組織は、自分たちは無垢であるとロシア人に間違いなく意識させるべくすみやかに動いた。戦術として卓越していた典型と言えたが、ロシアのテレビは実際の事の次第、すなわちマレーシアの旅客機が、ウクライナ侵攻に参加していたロシア兵の発射したロシアの兵器で撃墜されたことを、決して否定はしなかった。明々白々なことを否定すれば、かえって怪しまれるものだ。明々白々なことをくつがえすには、別の方向から攻めるしかない。窮地に追い込まれたロシアのメディア担当責任者たちは、それでも平静を保ち、実際に起きたことの偽りの説明を持ちだすことで話の趣旨を変えようとした。[*46]

旅客機が撃墜されたその日のうちに、ロシアの主要テレビ局は揃って、「ウクライナのミサイル」、あるいはひょっとしたら「ウクライナの航空機」がMH17便を撃墜したのだと非難し、「真の標的」は「ロシアの大統領」だったと主張した。ロシアのメディアによれば、ウクライナ政府はプーチンの暗殺を計画していたのだが、ひょんなことから違う航空機を撃ち落としてしまったのだ。この話には、もっともらしさのかけらもなかった。この二つの航空機は同じ場所にはいなかった。この暗殺未遂の話はあまりにばかげていたため、RTは外国の視聴者に試しに一度披露したあと、それ以上その線は追わないことにした。ところがロシア国内では、モラルの面からのこうした計算がなんとひっくり返ったのだ――なにせ、ロシアがウクライナに侵攻している最中にロシア兵が二九八人の外国民間人を殺害したその日の終わりには、ロシアこそが被害者であるとの説が確固としたものとなったのだ。[*47]

翌日の二〇一四年七月一八日、ロシアのテレビはこの出来事の新たなヴァージョンをさまざま撒き散らした。複数の作り話に無数のアイディアが足されたが、それは、こうした作り話を筋の通ったものにするためではなく、よりシンプルでよりもっともらしさのある説になんとか疑いを抱かせる方に目的があった。こうしてロシアの三つのテレビネットワークは、ウクライナの航空交通管制官がＭＨ17便のパイロットに高度を下げるよう依頼したのだと断言した。が、これは嘘だった。そうすると、ネットワークの一つは、航空交通管制官に（まったくの作り話だが）個人的に命令を下したのは、ドニプロペトローウシク州知事を務めるウクライナのユダヤ人オリガルヒ、イーホリ・コロモイスキーだったと主張した。ナチスの人種主義的プロファイリングを真似るかのごとく、あとから別のネットワークも、コロモイスキーの顔には有罪の相が出ていると語る「人相学」の「専門家」を引っ張りだした。[*48]

航空交通管制官の話を広めた三つを含むロシアの五つのテレビネットワークは、そうする間にも、ウクライナの戦闘機が現場にいたと揃って主張しはじめた。どんな種類の戦闘機だったかさえ整理できず、さまざまなジェット機の写真（さまざまな場所でさまざまな時間に撮影された）が提供され、問題の旅客機が飛ぶのはありえない高度が持ちだされた。戦闘機がその場にいたとの話は、真実ではなかった。この惨事から一週間後、ロシアのテレビはＭＨ17便の撃墜について第三の筋書きをでっちあげた。ウクライナ軍が演習中に旅客機を撃ち落とした、というものだ。これにもまた、なんの根拠もなかった。それからギルキンはさらに第四の筋書きを持ちだし、ロシアがＭＨ17便を撃墜したのは本当だが、ただし犯罪行為はいっさいなかったと主張した。というのも、ＣＩＡが飛行機に死体をいっぱい詰めこんで、ロシアを挑発しようとウクライナ上空を飛ばせていたからだそうだ。[*49]

こうした作り話は、ロシアの外交レベルにまで持ちあがった。ＭＨ17便について聞かれたロシアの外相セルゲイ・ラヴロフは、ロシアのメディアが航空交通管制官について、また近くにいたとされるウクライナの戦闘機についてでっちあげた話を繰り返した。どちらの話にもそれを裏づける証拠はなく、どちらも真実ではなかった。[*50]

ロシアのメディアの説明は、ジャーナリズムとしてはおろか、小説だとしてもありえないものだった。ロシアのテレビの言い立てることを一つひとつ認めていけば、出来上がった作りものの世界はありえないものになる。そのなかのさまざまな要素が並立などありえないという体たらくだからだ。たとえば、飛行機が地上と上空の両方から撃墜されたというのはありえない。もし空から撃墜されたとすれば、（ウクライナ軍のロシア製戦闘機の）ミグ機（ＭｉＧ－29）とスホーイ機（Ｓｕ－25）の双方から撃たれたというのもありえない。もし地上から撃たれたとすれば、訓練中の事故であって、なおかつ暗殺計画の一端だったというのもありえない。それどころかこのプーチン暗殺説は、ロシアのメディアがほかに主張したことすべてに矛盾している。ウクライナの航空交通管制官が、ロシアの大統領の乗った飛行機を撃墜する計画の一端として、マレーシア航空ＭＨ17便のパイロットと交信していたというのでは、まるでナンセンスだ。

ただし、こうしたもろもろの嘘から辻褄の合う筋書きはつくれなくても、一つの筋書き――たまたまそれこそが真実だったのだが――を崩すことはできた。何が起きたかを理解し謝罪した個々のロシア人はたしかにいたが、全体としてのロシア国民は、自国の戦争責任や自国のおかした犯罪について深く考える機会を奪われていた。ロシアの信頼できる社会学研究所の調査によれば、二〇一四年九月にロシア人の八六パーセントがＭＨ17便の撃墜はウクライナのせいだと考え、二〇一五年七月にも八五パーセントが相変わらずそう考えていたが、すでにこのときまでには事実関係が調査され、真実は明らかになっていたのだ。ロシアのメディアは、自分のせいにされたら憤慨するよう国民を駆り立てていたのだ。[*51]

無知は無垢を生みだし、かくして永遠の政治は続いていった。

二〇一四年の夏にテレビを観ていたロシア人は、ロシアによる砲撃がウクライナの拠点を叩き続けていることも、ロシアの侵攻部隊がウクライナとの国境に集結していることもいっさい知らされなかった。二月のクリミアのときと同じく、真夏の戦闘の真っ只中に、戦うロシアの顔として登場したのは、バイカー集団だった。二〇一四年八月九日、ロシアの砲撃を浴びてウクライナ軍が国境から避難した翌日、クリミアとともにロシアに併合されたウクライナの都市セヴァストポリで、「夜の狼《ナチヌイエ・ボルキ》」がバイク・イベントを開催した。RTはヨーロッパやアメリカに向けて、これを「壮大な夜の狼によるバイカー集会」だと説明した。実際には、この自動二輪の芸当は凡庸だったし、二の次と言ってよかった。何よりも重要なのは、テレビ放映されたなかでも長い前置きで、そこでファシストの掲げるテーマがロシアの何百万もの人々に届けられた。[*52]

セヴァストポリの「バイク・ショー」は、広大なホールの暗闇のなかで始まった。スポットライトに照らしだされた「夜の狼」のリーダー、アレクサンドル・ザルドスタノフが昇降機に乗り、梁に向かって昇っていく。黒のニット帽を巻き、ぴっちりした黒服に革のベストを着たザルドスタノフは、抑揚をつけて語りはじめた。「わが母なる国は、ファシズムの毛深い獣《けだもの》どもの腹に、スターリニストの拳を一〇発お見舞いした。地面の下にいまだ三〇〇〇万の英雄が眠り、焼けた村々の灰はいまだ赤く燃えようと、スターリンは果樹を植えるよう命令した。そして我らは花咲く果樹園のあいだに廃墟となった町を建て直し、この花の盛りは決して終わらぬだろうと胸のうちでつぶやいた」。ザルドスタノフは、その数ヶ月前にアレクサンドル・プロハーノフが出した声明「我らの新たな勝利の日」を暗唱していたのだった。

この声明のなかで、プロハーノフは、スターリニズムを第二次世界大戦の勝利と結びつけることでその名誉を回復させ、ロシアのウクライナ侵攻については、ソ連がナチス・ドイツから自国を守ったのと同じようなものだと主張することで正当化した。ウクライナは、ドイツに侵攻されたソ連の一共和国とも、ヒトラーの植民地計画のおもな標的とも、第二次世界大戦の主戦場とも、ドイツに占領されたために三〇〇〇万人の兵士とさらに三〇〇〇万人の民間人を失った地ともとらえられずに、突如としてロシアの戦時の敵になった。自ら綴った文章のなかで、プロハーノフは、無垢なるロシアと堕落した西側との戦いを露骨に性的なものとして描き、花を枯らして美をそこなうことなどなく、花を咲きほこらせることを夢見た。ザルドスタノフの暗唱がまさにこのくだりにさしかかると、ステージの照明は、ロシアの「妊娠した処女」たちを浮かびあがらせた——ただし、そこにいたのは聖処女などでなく、服の下に枕を入れて赤ん坊の膨らみをこしらえた女性の一団と、空っぽの乳母車を押す女性たちだったが。[*53]

プロハーノフは、ロシアの抱える問題を、彼の表現では「悪夢の一九九〇年代」に干渉してきた諸外国のせいにした。その文言《もんごん》は、ロシア人に対し、まわりの事実は無視して「赤い花」の「聖像《イコン》」の前で恍惚となるよう懇請した。プロハーノフによれば、第二次世界大戦でソヴィエトが勝利したことで、ロシア人はあらゆる時代に犯したあらゆる悪事の罪を免れ無垢になった。ウクライナを解体しながら、ロシア人は、官能的な崇拝の対象として、その赤い花の前に頭《こうべ》を垂れるべきだ。「そしてこのイコンのうえに今ふたたび真紅の花が、その目の覚めるような真紅の蕾を開きはじめた。我々はその香りをかぎ、その甘美な露を飲んだのだ」。クリミア侵攻はクライマックスだった。「我々の忍耐と禁欲、我々の営為と信仰に対する褒美として、神は我々にクリミアを与え給うた。かつて敵により分断されたロシアの国民が、今ふたたび勝利の抱擁とともに一つになるのだ[*54]」。

それからプロハーノフは――バイカーのザルドスタノフが目の前の数万人の観客と、さらにテレビの前の数百万人の視聴者に暗唱することで――自ら抱く侵入されることへの恐怖をつまびらかにした。素朴なロシアの敵とは、サタンの巨大な黒いペニスだった（当時のアメリカ大統領はバラク・オバマだった）。キエフはロシアの処女降誕の地であるとの神話を当然のこととするプロハーノフは、キエフの聖ソフィア大聖堂をロシアの「至聖所」とみなした。それから邪悪なオーガズムについての空想をめぐらせた。「ファシズムの黒い精子が、ロシアのあらゆる都市の母なる都市キエフに降りかかった。数多《あまた》の寺院や聖堂のなかでも聖ソフィア大聖堂の黄金の後陣《アプス》に宿るのは、教会のフレスコ画に描かれた悪魔のような、毛むくじゃらの顔に黒い角を生やした奇形の胎児だった」。

プロハーノフの幻想の世界では、よってファシズムはイデオロギーでもなければ美学でもなかった。ファシズムがイデオロギーや美学であるならば、黒革ずくめの男が国家の罪のなさと戦争の必然を唱える光景は、その見事な証《あかし》になるだろう。ところがこのスキゾファシストたちにとって、ファシズムとは、ロシアの処女を脅かすふしだらな外界からの異物だった。「堕落したパン生地のように、それはキエフのボウルからあふれだし、ウクライナ中に広がった」。この口にするのもおぞましい侵略について責めるべきは、つまるところ、「焼けた肉のにおいのする」バラク・オバマとアンゲラ・メルケルなのだ。プロハーノフのこの最後の思わせぶりなくだりは、スキゾファシストの散文の最後を飾るお定《さだ》まりの文句だった。ある侵略戦争を正当化するために、ある反ユダヤ主義者が綴った、あるファシストの文書が、ホロコーストの象徴——ここではアウシュビッツ・ビルケナウの焼却炉——を利用して、その責任を他者に押しつける。こうした曲解は国際性を持っていた——プロハーノフが「黒い精子」を持ちだしたのも、当然のことだがホロコーストの最も有名な詩となっている、パウル・ツェランの『死のフーガ』を冒涜するためだったからだ。

ウクライナの社会とウクライナの歴史は、プロハーノフのマニフェストのありとあらゆるところで否定されるか、なきものにされた——ザルドスナトフがこれを暗唱しているあいだにも、ウクライナではロシアの砲弾が炸裂し、ウクライナとの国境を破るのに備えて、ロシアの兵士が持っていくのを許されない自分の携帯電話を提出し、武器を点検していた。キエフは、ウクライナの首都であったのだが、ウクライナの都市とは認められなかった。ウクライナは第二次世界大戦中はロシア人よりも受難の程度はひどかったのだが、今やロシアの敵国であった。マイダンは市民の抗議ではなく、黒いサタンが処女のロシアをレイプして生まれたサタンの私生児と説明された。こうした極端な発想は、法の支配とともにある未来を望む人々の退屈な現実を圧倒するものでなくてはならなかった。*55

この「バイク・ショー」の前振りの政治的な表現は、まだまだ続いた。「ファシズムとの新たな戦いは避けられない」とザルドスタノフは宣言した。「一一発目のスターリニストからの拳は避けられないのだ」。そして拡声器から、オバマやメルケル――それからヒトラー――の録音された声が響きわたる。ステージでは、一面に広がる大きな布の下で、かけ声に促されて何かがもぞもぞと動きだす。ボウルからパン生地があふれている様《さま》なのだ。布の下から黒い人の姿がわらわらと現れて、踊りながら鉤十字《スワスチカ》の形をつくっていく。するとステージの天井近くから巨大な機械仕掛けの両手が現れた。一本の指にはワシの印のついた指輪をはめている。アメリカ人の人形使いが操っているのだ。黒い人影はウクライナの抗議者たちになり、防戦一方の機動隊を襲っている。ザルドスタノフは、「ヨーロッパの永遠のおべっか使い、その精神的奴隷ども」を糾弾する。そうすると、この黒いデモ隊のリーダーが首を吊られる。

そうこうするあいだに準備していたロシアのバンド「13ソズベジヂエ」が、この国のナショナリストのお気に入りの「スカ」〔ジャマイカ発祥のポピュラー音楽のジャンル〕である「なぜウクライナ人はたがいを殺し合うのか」という曲を演奏し始めた。なぜルーシはヨーロッパに売られてしまったのか、と歌詞は問いかける。奇妙な質問だ。ルーシはそもそも中世ヨーロッパの王国だったのだから。13ソズベジヂエが教えてくれるように、ポップカルチャーは永遠の政治を呼びかけることができる。たとえ歴史に反していても、ロシアはルーシであり、侵攻は自己防衛なのだ。このバンドの拙いがきっぱりとした歌詞によれば、こんにちのウクライナ人はヨーロッパを選ぶはずなどありえなかった。ウクライナはルーシで、ルーシはロシアなのだから。ウクライナ人は操られているにちがいない。「ウクライナよ、今日は誰がお前に嘘をついたのか？」この歌を合図に、ウクライナと書かれた二台の装甲車がステージの中央に出てきて、どうやら人々を焼き殺しているようだった。果敢なロシアの義勇兵たちが梁にかけたロープを伝って降りてきて、装甲車に機関銃で大量の弾丸を浴びせている。ついに勝利したロシアの義勇兵たちが、装甲車を鹵獲《ろかく》し、「ドネツク人民共和国」の旗を振る。

それからザルドスタノフがふたたび口を開いた。そして、「召集され、全身全霊でルーシを守り、今や無数の墓に眠る」赤軍の兵士たちの許しを乞うことで、ウクライナという国の存在を、ドイツによるソヴィエト侵攻と結びつけた。この赤軍兵士の相当数がウクライナ人であったことなど、このさいどうでもよかった。ロシアは受難を独り占めする必要があったのだ。そして受難を独占し続けるために、ロシアは苦悩の経験では足もとにも及ばない国（ウクライナ）に戦争を仕掛け、犠牲になった経験ではやはり足もとにも及ばない人々（ユダヤ人）の記憶を悪用する。次に出てきたラップ・グループの「オパスニイェ」が「ドンバス」という歌のなかで説くように、ウクライナ人には、「ビッグブラザー」であるロシアからの「兄弟への支援」が必要だった。ちなみにこの「兄弟への支援」（「兄弟国支援」）とは、ブレジネフが、他国の共産主義政権を維持するための軍事介入をさして使った言葉だった。

歌が終わるとザルドスタノフは、ロシアによるウクライナのさらなる領土の征服を呼びかけた。そしてやっとのこと、バイクのショーが始まった。それに先立つスカやラップと同様に、このスタントもまた、とくに目新しくもない北アメリカの芸術様式の一例だった。この「バイク・ショー」が唯一非凡であるのは、長らく評判を落としていたヨーロッパの芸術様式を復活させたことだ。それはナチスの「ゲザムトクンストヴェルク」……世界を世界観に、歴史を永遠に置き換えるための「総合芸術」である。


礫の作り話《クルーシ・フィクション》（七月一〇日）、MH17便にまつわる不協和音（七月一七日）、そしてこの「バイク・ショー」（八月九日）の三点は、二〇一四年の夏にロシア国民が晒されたテレビによるプロパガンダの三つの例に過ぎなかった。工夫して生み出されたこうした無知こそが、ロシア人を自分たちは無垢であるとの意識に導いた。こうしたいっさいがロシア国民全般にどのような影響を与えたかは測るのが難しい。それでも男たちを、ウクライナまで出かけて戦う気にさせたのは確かだった。

ロシアの砲撃によって国境区域からウクライナ軍が一掃されると（八月八日までに）、ロシアの義勇兵（そして兵器）をさらに大規模に展開する道が開けた。ロシアの新兵採用担当者が語ったように（ロシアのスポークスマンは国外ではこれを否定したが）、ロシア政府は部隊を輸送するのに、標識のない白のトラック（政府はこれを「人道主義的」と呼んだ）を使った。ロシアの義勇兵たちが遠方からはるばるやってきたのは、ウクライナの戦争についてロシアのテレビで目にしたもののせいだった。特殊部隊の退役軍人である採用担当者はこう説明する。「わが国の新聞や雑誌、テレビは、波瀾万丈の事実を見せてくれるよ」[*56]。

こうしたロシアの義勇兵のなかには、ウクライナという国など存在しないと考える者もいた。はるか遠方のアジア――ロシアと中国の狭い国境が、モンゴル、カザフスタンにぎゅっと押されている地域――から来た一人のロシア人は、ロシア人とウクライナ人は単一民族だと言い切った。逆にこうした義勇兵たちにとって現実に思えるのは「ノヴォロシア」だった。この概念は、義勇兵がウクライナに着くころにはロシアのテレビから消えつつあった。それでも彼らのなかには、自分たちはアメリカが世界戦争を始めるのを防いでいるのだと考える者もいれば、世界規模のソドミーを阻止しているのだと考える者もいた。戦う理由を聞かれると、ロシアの義勇兵たちは、「ファシズム」や「ジェノサイド」という言葉を口にした。礫の作り話《クルーシ・フィクション》はそう簡単に記憶から消えなかった。若者たちは、子どもたちを助けるようにと訴える「心の声」のことを口にした[*57]。

国境に到着したロシアの義勇兵を、数の上ではロシアの正規軍部隊がはるかに上回っていた。二〇一四年の七月から八月にかけて、ロシア軍の将校たちは、ウクライナとの国境近くに敷かれた二三の野営地で兵士たちを指揮していた。八月初めにもなると、ロシア軍の約三〇の部隊が国境に陣を張り、ウクライナへの侵攻に備えていた。ロシアの村人たちは、砲弾の発射音に慣れてきたのと同じように、ロシア全土からやってくる若い新兵たちの存在にも慣れてきていた[*58]。

ときおり兵士たちは人目を引いた。まもなく敵の砲火を浴びにいく若者たちは、その前の数日間、羽目を外すことが許される。たとえば八月一一日の夜、国境のまさにロシア側にあるクイビシェヴォの村人たちは、見慣れぬ踊りに目をとめた。踊っていたのは、ダゲスタン共和国のブイナスクを拠点とする第一三六自動車化歩兵旅団の兵士たちだった。ダゲスタン共和国は、コーカサス地方にあって、ロシア連邦内でムスリムが多数を占める地域であり、チェチェン共和国と接し、ロシア人は人口の五パーセントに満たない。ウクライナで殺したり戦死したりするために送られてきたロシア連邦の兵士たちの多くと同じく、この兵士たちもまた、非ロシア人という民族的マイノリティに属し、おそらく彼らが死んでもメディアは気にもとめないだろう。八月一一日からまもなくして、第一三六自動車化歩兵旅団はロシアとウクライナの国境を越え、ウクライナ軍と一戦を交えた。八月二二日までには、この踊り手たちの亡骸《なきがら》が故郷のダゲスタンに続々と届きはじめた。[*59]

チェチェン共和国を拠点とする第一八独立自動車化狙撃旅団は、この夏の侵攻のさいに最初に国境を越えた部隊の一つだった。おもに部隊を構成しているのは、チェチェンでのロシアの度重なる戦争がもたらした難民たちで、彼らはクリミアでの戦闘に参加してきたばかりだった。ロシアがＭＨ17便を撃墜した六日後の七月二三日、隊員たちはチェチェンにある自分たちの基地に出頭するよう命じられた。その三日後には、ロシアとウクライナの国境にある野営地に向かっていた。八月一〇日、部隊の兵士アントン・チュマーノフは、「ぼくらはウクライナに送られている」と母親に伝えた。翌日、弾薬と手榴弾が配られた。チュマーノフは、ロシア版のフェイスブック

「フコンタクテ（ＶＫ）」に投稿した。「携帯を取りあげられて、ウクライナまでやってきた」。チュマーノフは、八月一二日にウクライナに入った第一八独立自動車化旅団およそ一二〇〇人のなかの一人だった。[*60]

八月一三日、第一八独立自動車化旅団の兵士たちはスニジネにいたが、そこは四週間前にロシア兵がＭＨ17便を撃墜した場所だった。ウクライナ軍の砲火が旅団の火薬庫を炎上させ、およそ一二〇〇人の兵士が死亡し、負傷者は四五〇人を超えた。アントン・チュマーノフの家族は次のような報告を受けた。死亡場所は「部隊のいた場所」、死亡時刻は「軍務に就いていた時間」、死因は「両足を失ったことによる大量出血」。母親は息子がどのようにして亡くなったのかを、もっと詳しく知ることができた。息子の仲間の一人が危険を承知で母親に教えてくれたのだ。「私にどうしてもわからないのは」とチュマーノフの母親は語る。「あの子は何のために死んだのでしょう。ウクライナの人たちのことは、当人たちに任せておけばよいものを」。母親の胸をさらに痛めたのは、息子が公式には起きていない戦争で殺されたことだった。「そこに自分の国の兵士たちを送っているんなら、それを本人たちに認めさせてやらなくちゃ」。息子が死んだ事実を母親がソーシャルメディアに投稿すると、非国民だと責めたてられた。[*61]

第一八独立自動車化旅団の別の兵士コンスタンチン・クズミーンも、おそらく同じときに死亡した。八月八日にクズミーンはあわただしく両親に電話をかけてきた。「ママ、パパ、愛してるよ。みんなによろしく！　僕のかわりに娘にキスしてあげて」。それから九日後に母親は、ロシア軍の使者から、ウクライナとの国境付近で演習中に息子が死亡したとの報告を受けた。「今あたしに話したことを、本当にあなたも信じているのですか?」 母親が詰め寄ると、この使者は信じていませんと答えるだけの誠実さを持ち合わせていた。[*62]

クズミーンの仲間の一人で戦車操縦士のルファト・オロニイアゾフは、八月一三日の砲撃戦を生き延びた。ルファトのガールフレンドは彼の部隊が前進する様子をソーシャルメディアで追跡することができたので、砲撃戦や死者数について知ることができた。翌日、彼が電話をよこし、「目の前で仲間がたくさん死んだ」と話した。八月一四日以降、彼から二度と電話は来なかった。「もうすぐ結婚するはずでした」とガールフレンドは振り返る。「私が何か言うと、いつだってあの人はにっこり笑ってくれたのに[*63]」。

二〇一四年八月一七日かその前後に、エストニア、ラトビア、ベラルーシと国境を接するプスコフ州プスコフを拠点とする第七六空挺師団の一部が国境を越えてウクライナに入った。ウクライナ軍と戦うべく送られた約二〇〇〇人のうち、およそ一〇〇人が交戦中に死亡した。八月二四日、プスコフで葬儀が始まった。墓の写真を撮ろうとした人たちが追い払われた。八月一九日、リャザン州のリャザン(リャザン空挺軍大学がある)を拠点とする第一〇六親衛空挺師団の第一三七パラシュート連隊が侵攻に加わった。それからまもなくセルゲイ・アンドリアノフが戦闘中に殺害された。「息子よ、許しておくれ」と母親は綴った。「こんなひどい戦争からお前を守ってやれなくて」。友人がフコンタクテ(VK)に投稿した。「異国の地で君を戦わせたやつがどうか地獄に落ちますように[*64]」。

レーニンの生地であるウリヤノフスク州ウリヤノフスクを拠点とする第三一空挺旅団は、八月三日に訓練のため召集された。兵士たちはウクライナに送られるのを覚悟していた。何もかも最近クリミアに送られたときとそっくりだったからだ。兵士の一人ニコライ・コズロフは、クリミアにいたときウクライナの警官の制服を着ていたが、あれはあきらかにロシアの偽装作戦の一環だった。八月二四日に第三一空挺旅団はウクライナの領土に入った。その日、コズロフはウクライナによる攻撃で片足を失った。少なくとも二人の仲間、ニコライ・ブシンとイリヌール・キルチェンバエフが交戦中に殺害された。ルスラン・アーメドフとアルセーニ・イリミトフを含むこの部隊の兵士一〇人が、ウクライナ軍の捕虜になった。[*65]

ほぼ同じ時期の八月一四日かその前後に、ニジニ・ノブゴロド州を拠点とするロシアの第六独立戦車旅団がウクライナ国内で戦闘に加わった。兵士たちはウクライナの道路標識の前で写真におさまった。ウラジスラフ・バラコフは戦車に乗って戦っているときに絶命し、少なくとも二人の仲間がウクライナ軍の捕虜になった。[*66]

二〇一四年八月のあるとき、ノルウェーとの国境に近いムルマンスク州ペチェンガを拠点とする第二〇〇自動車化歩兵旅団が、ドンバス地方ではドネツクに次ぐ都市ルハンシクをめぐる戦闘に加わった。第二〇〇自動車化歩兵旅団の青年たちは、戦車に「スターリンのために！」とか「USSR」とか、槌と鎌をペンキで記し、榴弾砲には「ファシズムに死を！」と書いた。自走砲は「スターリンの拳」とのあだ名がついたが、これはプロハーノフが誓った一一発目のスターリニストの拳のことだ。グラート（自走多連装ロケット砲）の一つに、兵士たちは「子どもたちと母親たちのために」、また別のグラートには「ドネツクの子どもたちのために」と書いた。ウクライナ軍が都市を砲撃したために犠牲になった民間人は、まさにこの兵器、グラートで殺された。「子どもたちと母親たちのために」と書かれたこのロシアのグラートも、今度は自分の番だと子どもたちや母親たちを殺したことだろう。[*67]

第二〇〇自動車化歩兵旅団のエフゲニー・トルンダエフはウクライナで戦闘中に殺害され、ロシアの英雄として没後に勲章を授かった。彼の仲間はルハンシク空港を掌握した作戦に参加し、それから他のロシア部隊に合流してアイロバシクの決戦に加わったが、この地でウクライナ軍の多くがロシア軍の装甲部隊に包囲され壊滅した。無事に通してくれるとの約束にもかかわらず、包囲された地帯を抜けだそうとしたウクライナ兵たちは殺害された。[*68]

このロシアの勝利により、九月五日にミンスクで停戦合意が結ばれることになった。この合意で決まったのは、「外国部隊」が撤退することだけだった。そもそもモスクワはロシア軍がウクライナにいることを否定していたため、この規定はいかなる措置も求めるものではないとモスクワは解釈した。ロシア兵はミンスクの協定後もウクライナにとどまり、新たな部隊が配備された。八月の侵攻時に戦闘に加わった部隊の一部は、ロシアとウクライナの国境の野営地から交代で自分たちの基地に戻ったが、数ヶ月後には、ウクライナでの戦闘に復帰する羽目になった。

二〇一五年の初めにロシアの部隊は、ウクライナの領土に三度目となる大規模な攻撃を仕掛けた。最初の標的はドネツク空港だった。それまでの八ヶ月にわたる戦闘と包囲のすえ、空港はすでに見る影もなくなっていた。ウクライナ軍の兵士たち（そして準軍事組織のメンバー）が長期にわたって空港を守り抜いたことは、国境の両側でシンボリックな意味合いを持った。ウクライナの人々は空港を守る兵士たちを「サイボーグ」と呼んだ。どんな目に遭おうとも生き延びるかに見えたからだ。そこでモスクワは、この男たちに死んでもらうことにした。二月の半ば、ついに圧倒的な力をもつロシアの部隊によって空港が陥落すると、ウクライナ軍の戦争捕虜たちは処刑されてしまった。[*69]

二〇一五年一月のロシアによる攻撃で次に標的となったのは、ドネツクとルハンシクの両州を結ぶ鉄道連絡駅デバルツェボだった。ここは「ドネツク人民共和国」ならびに「ルハンシク人民共和国」と呼ばれるロシアが支援する疑似国家が機能するうえで、要《かなめ》となる場所だった。デバルツェボで戦ったロシア軍のなかに第二〇〇独立自動車化旅団が入っていたが、この旅団は二〇一四年八月の侵攻にも参加していた。これに合流したのは、ブリヤート共和国を拠点とする二つの部隊で、この共和国はウクライナから約六〇〇〇キロ離れたロシアとモンゴルの国境に接したブリヤート族（ほとんどが仏教徒）の住む地域だ。この部隊は、キャフタを拠点とする第三七自動車化歩兵旅団、そしてウランウデを拠点とする第五独立戦車旅団だった。[*70]

第三七自動車化歩兵旅団の兵士バト・ダンバエフは、部隊がブリヤート共和国とウクライナ間を往復したときの写真をソーシャルメディアに投稿した。ドネツク州の地元住民は「ドンバス生まれのブリヤート人」についてジョークを飛ばした。ドンバスでは、それぞれ戦争についてどう思おうと、誰もがロシア軍の関与を知っていたので、こうしたジョークを言う者には親ロシア派もいれば、親ウクライナ派も、またそのどちらでもない無関心の者もいた。ウクライナの地で子犬を抱いたり、サッカーに興じたりするブリヤート人の写真は広く拡散された。ブリヤート人からすれば、自分たちがウクライナにいることを否定するロシアのプロパガンダは噴飯物だった。それでも、それ以外のプロパガンダは真に受けた。自分たちの使命を、ロシアのメディアから教わったとおりに理解していた。「子どもたちを殺す連中」をやっつけるためだ、と。[*71]

二〇一五年二月一二日にミンスクで二度目の停戦合意が結ばれたが、デバルツェボへのロシアの攻撃は続いた。今度もまた、この合意に「外国部隊」という言葉が使われ、ロシアは自国の兵士がウクライナにいることを否定した。戦闘は、この街が破壊され、ウクライナ軍が総崩れになるまで続いた。ロシアの戦車長はこう振り返る。「連中は包囲を突破しようとしていた。進路を切り開こうとしたがった。逃げだすなら、轢き殺すしかないよね」。そう語った第五独立戦車旅団の戦車操縦士ドルジー・バトムンクエフは、戦闘中に乗っていた戦車が被弾し重度の火傷を負った。ほかにもロシア人やロシア側で戦ったウクライナ市民がデバルツェボをめぐる戦闘で殺されるか負傷した。とはいえ犠牲者の大半は包囲されたウクライナの兵士だった。ドンバス地方へのごく最近の大規模な介入は、予想どおりロシアの軍事的勝利で終わった。[*72]

ロシア軍の部隊はその後もウクライナに残って地元住民を訓練し、戦闘に従事した。たとえばGRUの第一六独立特殊任務旅団は、二〇一五年にウクライナに駐留した。旅団の少なくとも三人の兵士——アントン・サヴェリエフ、ティムール・ママイウスポフ、イヴァン・カルドポロフ——が、五月五日にウクライナで戦闘中に死亡した。カルドポロフの同郷の女性が状況をこう説明する。「さっぱりわかりません。私たちは戦争などしていないとテレビでは言うけれど、若者たちが次々に死んで帰ってくるんですから」。[*73]

この隣人は自分の目で見たことと、テレビで見たことを比べることができた。ところが大半のロシア人にとって、戦争の本質は、たいていスルコフの「おぼろげに映す鏡」に曇らされていた。ロシア人は自国のメディアから「ドネツク人民共和国」と「ルハンシク人民共和国」は独立国家だと教わっていたが、分離主義者たちはこれらの国がロシアの納税者を頼りにしていることを認めざるをえなかった。すなわち、ある分離主義派の指導者が言うように「モスクワからの電話は、主なる神の執務室からの声とみなされた」。この「モスクワ」とはスルコフのことだ。この二つの「共和国」のメディアは、モスクワからの指示に従って、アメリカをファシスト的な諸悪の根源だと説明し、ドゥーギンやグラジエフに助言を求め、ヨーロッパのファシストたちに記者証を与えた。ウクライナ国民の受難は続き、およそ一万人が殺害され、約二〇〇万人は家を追われた。[*74]

ウクライナを相手にしたロシアの戦争は「ハイブリッド戦争」と呼ばれた。言い回しとして「戦争」という名詞が「ハイブリッドな」という形容詞で修飾されることの問題は、これが「戦争未満《ウォー・マイナス》」のような響きをもっていても、本当は「戦争以上《ウォー・プラス》」を意味することだ。ロシアによるウクライナへの侵攻は正規戦であると同時に、ウクライナ市民をウクライナ軍と戦うよう唆《そそのか》すパルチザン戦でもあった。それに加えてロシアの対ウクライナ作戦は、史上最も広域のサイバー攻撃でもあったのだ。

二〇一四年五月、ウクライナの中央選挙管理委員会のウェブサイトが不正操作され、あるナショナリストが大統領選挙に勝利したと報じる画像が表示された（実際に獲得した票数は全体の一パーセントに満たなかった）。ウクライナ当局はこのハッキング行為を土壇場で発見できた。ところがハッキングが露見したのを知らないロシアのテレビは、そのナショナリストがウクライナ大統領に選ばれたとの誤報を伝える、この同じ画像を放映した。二〇一五年の秋には、ハッカーたちがウクライナのメディア企業数社と鉄道網を攻撃した。その年の一二月には、今度はウクライナの電力網が侵入され、送電所三ヶ所が麻痺し、五〇ヶ所の変電所がやられ、二五万人分の電力供給が停止した。また二〇一六年の秋には、ハッカーたちはウクライナの鉄道、港湾当局、国庫制度、さらには財務、インフラ、防衛の各省を攻撃した。さらに再度ウクライナの電力網に、前回よりはるかに高度な攻撃を仕掛け、キエフの送電所を麻痺させた。[*75]

当時このサイバー攻撃は、西側メディアではトップニュースにはならなかったが、それでもこれは未来の戦争のかたちになった。二〇一四年の終わりごろから、ロシアはホワイトハウスや国務省、アメリカ軍統合参謀本部、さらに複数のアメリカのNGOの電子メールネットワークへの侵入を開始した。二〇一六年、ウクライナで停電を引き起こしたマルウェアが、アメリカの電力網にも仕掛けられた。二〇一六年、ロシアによるハッキングがアメリカ大統領の政争にまで触手を伸ばして、ようやくアメリカはこれに注目し始めることとなる。[*76]

二〇一四年のロシアによるウクライナ侵攻で何より瞠目すべきは、自分たちが無垢だと訴えつつ事実の存在の土台を崩すための情報戦争だった。それはまたアメリカに場所を移しても、ロシアによってウクライナでのときよりははるかに高度化されたかたちで続けられ、さらに目覚ましい成果を挙げた。ウクライナは、自国の窮状を諸外国に理解してもらえないという意味では、ロシアに情報戦争で負けていた。ただし、ウクライナの市民は、自国の窮状をおおむね理解していた。ところがアメリカ人の場合は、そうだったとは言えないのだ。[*77]

　ウクライナで戦争が続く間中《あいだじゅう》、ロシアの指導部は「もっともらしさのない反証《インプロージブル・デナイアビリティ》」を続け、見え透いた嘘を語り、それから西側のメディアに、できるものなら事実を見つけてみろとけしかけた。二〇一四年四月一七日、プーチンはウクライナ南東部にロシア軍がいることをこう言ってきっぱりと否定した。「ばかばかしい話だ。ウクライナ東部にロシア軍などいるわけがない――特殊部隊も戦術顧問もいやしない。何もかも現地の住民がしていることだ。その証拠に連中は文字どおり覆面を脱いだではないか」。ところがプーチンのこの発言について不思議なことは、この同じ四月一七日、スラヴャンスクにいるロシアの特殊部隊が実際に覆面を脱いで、それと正反対のことを語っていた。「おれたちはＧＲＵの特殊部隊なんだぞ」と。真夏の戦闘が山場を迎えた八月二三日、アイロバシクでロシア軍がウクライナ兵を包囲し始めると、ラヴロフはこう言った。「こうした〔ロシア軍がいるといった〕話は、我々は情報戦争の一環であると見なしている」。さらに八月二九日には、ロシア兵たちの写真は「コンピュータゲームの画像」だと白《しら》を切った。[*78]

　ラヴロフは、事実は見かけとは違うとまじめに言いたかったわけではない。事実の存在こそが敵であると言いたかったのだ。これは〔この表現は本書で引用されてはいないが〕イズボルスク・クラブがそのマニフェストで、またロシアの治安部隊の指揮官ウラジーミル・アンチュフェエフが夏の侵攻に先立って主張したことだが――事実とは西側からの「インフォメーション・テクノロジー」(information technologies)であって、事実の存在を葬ることが、すなわち西側を葬ることだ、と。世論調査によれば、事実の存在を否定することは、実際にロシア人に責任感をなくさせるとわかった。二〇一四年末に、ウクライナで起きたことになんらかの責任を感じるロシア人は、わずか八パーセントだった。大半の人々、すなわち七九パーセントが、「西側はロシアが何をしようと気に食わないのだから、彼らの言っていることなど気にすべきではない」との意見に賛成した。[*79]

ロシア人をさんざんあおってウクライナで戦わせたのち、戻ってくる遺体を迎えたのは恐怖による沈黙だった。死傷した兵士の家族は、マスコミに話せば国からの給付金を受けとれないと釘を刺された。ロシアの戦死者名簿をつける「ロシア兵士の母の会」のサンクトペテルブルク支部は、ロシア政府から「外国代理人」だと特定された。この団体のビャチゴルスク支部長を務める、糖尿病を患う七三歳の母親が逮捕された。ロシアの戦死者について報じたジャーナリストたちの大半が打ちのめされた。二〇一四年が終わるころには、ロシアの報道記者たちはこの話題を伝えなくなった、というよりも伝えることができなくなった。戦争は続いたが、真実は闇の中に消えた。[*80]

ロシアがウクライナやヨーロッパ、アメリカを相手に仕掛けた戦争には、「戦略的相対化」という論理が根底にあった。元々泥棒国家《クレプトクラシー》で、一次産品の輸出に依存するロシアは、国力の増強を望めず、テクノロジーにおいてもヨーロッパやアメリカとの差を埋めることができない。とはいえ他の国々を弱体化させることで、ロシアは相対的に力を獲得できるだろう。たとえば、ウクライナをヨーロッパから切り離しておくために、この国に侵攻するなどしてだが。同時に仕掛けた情報戦争は、EUとアメリカを弱体化させるためのものだった。ヨーロッパやアメリカが持っていてロシアが持っていないのは、統合された貿易圏、そして定評ある継承原理を擁する予測のつく政治だった。これらにダメージを与えることができたなら、ロシアがこれらを持たずともしようがないと思えることだろう。なにせ、敵の損失の方がずっと大きいだろうから。「戦略的相対化」とは、要するに国際政治を（ゼロ・サム・ゲームどころか）ネガティブ・サム・ゲームにすることだ。そこでは技に長《た》けたプレーヤーこそ、ほかの誰よりも負けが少なくなるのだ[*81]。

ウクライナでの戦争によって、たしかにロシアには失うものもあった。自分たちよりロシア語を上手に話すウクライナ人を殺すために、コーカサスやシベリアの住民が何百キロ何千キロと旅したことは、ロシアの文化にとって消えない汚点になった。ロシアがクリミアを併合し、「ルハンシク人民共和国」や「ドネツク人民共和国」の後ろ盾になったことで、ウクライナの対外関係をえらく込み入ったものとした。しょせんこの「凍結された紛争」は、ロシアの政策文書で論じたウクライナの「解体」とも、「ノヴォロシア」がほのめかす大規模な拡張ともほど遠いものだった。ウクライナは自由で公正な選挙を維持しながら軍隊を配備したが、かたやロシアは、自由で公正な選挙を行う代わりに軍隊を配備した。

ロシアの侵攻をきっかけにウクライナの社会は結束した。ウクライナのユダヤ教の高位ラビはこう表現した。「我々はロシアという外部の脅威に向き合っている。それが皆を一つにしたのだ」。この物言いは大仰だが、それでも重要な真実を伝えていた。ウクライナの歴史上はじめて、世論が反ロシアになったのだ。二〇〇一年のウクライナの国勢調査では、この国の住民の一七・三パーセントが自身を民族的にはロシア人だと答えていたが、二〇一七年にはその割合が五・五パーセントに下がった。下がった理由のいくらかは、クリミアとドンバスの一部を調査に加えることができなくなったためだった。それでも、理由の大半はロシアによる侵攻にあった。ロシア語話者を守るための侵攻で、ロシア語話者自体が何千人と殺害されたのだし、侵攻があって何百万人もの人々が自らをウクライナ人だと認識するようになったのだ。[*82]

ロシアがウクライナに侵攻し、クリミアを併合し、MH17便を撃墜したことで、EUとアメリカは対応を迫られた。ラヴロフの発言に沿って「世界秩序」をつくりなおす、そうロシアが意図を公言していることへの対応としては、EUとアメリカによる制裁はずいぶんと穏やかなものだったが、それでもロシアをそのおもな貿易相手から孤立させ、経済危機を深刻化させはした。プーチンはかわりに中国がいると強がったが、北京はロシアの炭化水素の買値を下げてロシアの弱みを露呈させた。ロシアの力は西側と東の中国を天秤にかけるその手腕にかかっているのだが、ウクライナに侵攻したために、ロシアはどんな見返りも望めないまま中国に頼るほかなくなった。[*83]

ロシアのユーラシア主義のイデオローグたちは、アメリカがロシアの資源を盗もうとしていると言いがかりをつけた。たとえばアンチュフェエフは、ロシアがウクライナで始めた戦争は、アメリカがロシアの天然ガスや真水を盗むのを防ぐための自衛策だと語った。この説明には、アメリカのエネルギー生産についての詳しい知識よりも、想像力のたくましさがうかがえた。むしろ資源に関心を向けることで、話をすり替えているかに見えた。そもそも天然ガスと真水が不足しているのはロシアの隣の中国であって、アメリカではない。またロシアが国際法とは国の国境を守るものではないと主張したことで、北京もまた中国とロシアの国境について、その気になればいつでも同様の言いがかりをつけてよいことになった。ロシアとウクライナ間の戦争では、ロシアも、ウクライナも、EUも、そしてアメリカも、ほぼ全員が損失を被った。唯一の勝者は、中国だった。*84

二〇一四年八月二九日、ロシアによるウクライナでの戦争をラヴロフが「ロシア兵たちの写真は「コンピュータゲームの画像」だと白《しら》を切った」まさにその日に、ロシアとヨーロッパのファシストや極右政治家が、ウクライナから獲得した地に集合し、ロシアの侵攻が続いていることを否定しつつもこれを祝福するということをやってのけた。

セルゲイ・グラジエフが「反ファシズム」の題目のもと、ヤルタで国際会議を開いたのだ。(プログラムによれば)出席した同胞のロシアのファシストは、アレクサンドル・ドゥーギンとアレクサンドル・プロハーノフ。賓客として招待されたのは、ヨーロッパの極右の指導者たちだった。イタリアからロベルト・フィオレ、ベルギーからフランク・クレイエルマン、同じくベルギーからリュック・ミッシェル、ブルガリアからパヴェル・シェルネフ、ハンガリーからマートン・ギョンギョシ、そしてイギリスからニック・グリフィン……。ロシアとヨーロッパのファシストたちは「反ファシスト評議会」の設立について話し合った。彼らはロシアがウクライナに侵攻したことを否定したが、会合を開いていたのはロシアが併合した都市だった。彼らはロシアがその時点でまだウクライナ東部で戦っていることを否定したが、とはいえ目玉となるゲストのなかには、戦場から会議に駆けつけたロシア軍の指揮官たちの顔もあった。[*85]

　ＥＵ内では、主要政党でこうした立場をとるものはまず見当たらなかった。ところがこの手のものがドイツで現れ、ロシアの支援に与《あずか》ることになった。「ドイツのための選択肢（ＡｆＤ）」と呼ばれるドイツの新たな右派政党だ。ヤルタに集まった急進派たちと、より伝統的な政党とのあいだのどこかに位置するこの党は、モスクワのお気に入りになった。党首のアレクサンダー・ガウラントは中道右派のドイツキリスト教民主同盟の元党員で、クリミアにおけるロシアの路線を容認し、自身の党は――モスクワがドイツの体制を攻撃したときですら――親ロシアの選択肢であると位置づけた。二〇一四年の秋、ロシアはドイツの連邦議会《ブンデスターク》と安全保障機関にサイバー攻撃を仕掛けた。二〇一五年の五月に連邦議会が再度攻撃を受けた。二〇一六年の四月、キリスト教民主同盟――アンゲラ・メルケル率いるドイツの最大政党――もまた攻撃を受けた。だが中道派に対抗しドイツの極右を支援する最も重要な作戦は、おおっぴらに展開された。それは、ロシア人とドイツ人双方の不安の種であるイスラム世界を利用して、モスクワとＡｆＤの共通の敵であるアンゲラ・メルケル首相を追い詰めるというものだった。[*86]

シリアでの戦争から逃れてきた避難民（加えてアフリカから逃げてきた移住者）の増大に直面したメルケルは、予想外の方針をとることにした。ドイツは近隣諸国よりも多くの、そして自国の有権者が望むよりもはるかに多くの難民を受け入れることにしたのだ。二〇一五年九月八日、ドイツ政府は年間五〇万人の難民受け入れを計画していると発表した。その三週間後にロシアがシリアへの爆撃を開始したのは、偶然ではなかった。九月二八日にプーチンが国連で演説し、ユーラシアとＥＵの「調和《ハーモナイゼーション》」を呼びかけた（「我々はまだ、ユーラシア経済共同体と欧州連合（ＥＵ）の内部での統合プロセスを調和させることはきわめて将来有望であると信じています」）。そうだ、ロシアはシリアを爆撃して難民をつくりだし、ヨーロッパを慌てふためかせてやる。そうすればＡｆＤを助けることができ、それによりヨーロッパをもっとロシアに似たものにすることができる……それがプーチンの腹のなかだった。[*87]

プーチンの演説の翌日、ロシアの爆弾がシリアに降り注ぎはじめた。ロシアの航空機が高高度から非精密爆弾《ダムボム》を落とした。軍事施設が標的であっても、非精密爆撃の場合には破壊の規模は拡大し、さらに多くの難民がヨーロッパに逃げ出すのは間違いなかった。しかもロシアはＩＳＩＳの基地だけをつねに標的にしたわけではない。複数の人権団体の報告によれば、ロシアはモスクや診療所、病院、難民キャンプ、浄水場や市街地を広く爆撃していた。メルケルがシリアからの難民受け入れを決めた動機は、一九三〇年代にナチス・ドイツが自国のユダヤ市民を難民にしたという歴史にある。だがロシアの対応は、こう言っているも同然だった。メルケルが難民を受け入れたいなら、自分たちが与えてやろうではないか。そしてこの問題を利用して、メルケルの政権とドイツの民主主義を打ち倒してやろう、と。さらにロシアは、難民そのものだけでなく、難民はテロリストやレイピストだとのイメージもこしらえた。[*88]

二〇一六年一月一一日の月曜日、ロシア系ドイツ人の一三歳の少女、リサ・Fは、ベルリンの自宅に帰るのをためらった。学校でまたも問題を抱えていたし、家族による彼女の扱いも当局の注意を引いていた。リサは一九歳の少年の家に出かけ、少年やその母親とお喋りをし、その晩は泊まった。リサ・Fの両親は彼女がいなくなったことを警察に届けた。翌日彼女は家に戻ったが、リュックも携帯電話も持っていなかった。彼女は母親に、自分は誘拐されてレイプされたのだと衝撃的な話を語った。この少女の失踪事件を引き続き調べた警察は、友人の家まで赴き、そこで彼女の所持品を見つけた。友人とその母親から話を聞き、彼女のリュックを発見し、携帯のメールを読んだあと、警察はリサ・Fがどこにいたかを突きとめた。問い詰められたリサ・Fは、起きたことを正直に警察に話した。家に帰りたくなかったから、どこかほかの場所に行ったのだと。診察の結果、彼女が母親に話したことは事実でなかったことが確認された。

ベルリンのこの家族のドラマは、その後、ロシアのテレビで国際ニュースとしてとりあげられた。二〇一六年一月一六日の土曜日、チャンネル1はリサ・Fが最初に両親に語った方の物語を報道した。ムスリムの難民たちに誘拐され、一晩中集団レイプされていたのだと。これを皮切りにチャンネル1では、さらに四〇ものコーナーで、警察の調べではついぞ起きていなかった事件をとりあげた。テレビの報道では、この物語に真実味をもたせるべく、別の場所で別の時間に撮影された写真が使われた。ロシアのプロパガンダ通信社「スプートニク」は、難民のレイピストがドイツで野放しになっているとの世間の憶測に調子を合わせた。一月一七日、極右の「ドイツ国家民主党」（NPD）が、リサ・Fのために法の裁きを求めるデモを組織した。集まったのは一〇人あまりだったが、そのなかにRTのカメラマンがいた。彼の撮影した動画が、その日のうちにユーチューブに投稿された[*89]。

ロシアの情報戦争はしばらく前から始まっていたが、ほとんどのドイツ人は注意を払ってこなかった。そんなとき、リサ・Fの一件が「ソフトターゲット」（攻撃されやすい標的）を直撃したのだ。ベルリンの警察は機転をきかせて報道発表を行い、家族を守るために名前を伏せて捜査結果を説明し、ソーシャルメディアの利用には責任を持つよう要請した。だがそんなことでロシアのプロパガンダ作戦が失速することはなかった。ロシアのメディアは、今度は「ベルリンに住むロシアの少女へのレイプがもみ消された」と訴え、「警察が隠蔽しようとした」と吹聴した。この作り話はチャンネル1からロシアのテレビ各局、さらに紙媒体へと拡散し、どこに行っても同じ調子で語られた。ドイツ国家はムスリムのレイピストを歓迎し、無垢の少女たちを守りきれず、あげくに嘘をついたのだ、と。一月二四日にロシアのメディアは、ある反移民団体が計画した抗議運動を次の見出しとともに報じた。「リサ、我々はきみの味方だ！　移民のレイピストに抗議するドイツ人、メルケルの窓の下に集まる[*90]」。

メルケルを狙い撃ちする情報戦争が、ロシア国家によっておおっぴらに開始された。ロンドンのロシア大使館は、ドイツが難民のために赤いカーペットを敷いて盛大に歓迎し、彼らが犯罪をおかすとその犯罪はカーペットの下に掃き入れて隠してしまう、そうツイートした。一月二六日にラヴロフ外相は、驚いたことに、ドイツの一市民を「我らのリサ」と呼んで、ロシア連邦を代表して介入に乗りだした。ラヴロフは、ドイツにいるロシア人が動揺しているため行動を起こさざるをえないのだと言い張った。だが、彼らが動揺したのは、そもそもロシアの国営テレビで観たもののせいだ。ウクライナのときと同じく、ロシアは今度もまた他国の市民や住民のために行動すると息巻いた。ウクライナのときと同じく、今度もまたでっちあげられた悪事を利用して、ロシアの被害者意識とロシアの権力を誇示する機会を生みだした。磔にされた少年のイメージと同様に、レイプされた少女のイメージもまた、人々を恐怖に戦《おのの》かせるためのものだった。[91]

「我らのリサ」の一件からほどなくして、アムネスティ・インターナショナルが、シリアでロシアが民間人を標的に爆撃したとの一連の報告の第一報を発表した。「人権のための医師団」も、ロシアによる診療所や病院への攻撃を裏うちした。たとえば二〇一五年一二月八日、イドリブ西部の農村でいちばん大きな小児診療所のアルブルナス病院がロシアの空爆で破壊され、医師や看護師が負傷し、他の人たちが殺害された。ロシアによる攻撃で死亡し不具になるほどの重傷を負った現実世界の人々が、空爆によって命を落とした老若男女が、集団レイピストというムスリムの恐ろしいイメージのせいで霞んでしまった。シリアからの難民は、ウクライナからの難民と同様に、ロシアの無垢という作り話に組みこまれた。たった一人の少女の想像上の暴行事件を使って、もろもろの出来事の意味合いをそっくりひっくり返してしまおうとしたのだ。[92]

　メルケルは相変わらずドイツにおける最大政党の党首で、政権担当能力のある唯一の人間だった。移民問題によって彼女の立場は弱まったが、その原因のいくらかはロシアがドイツでの議論に介入したことにあった。二〇一七年の選挙活動の最中に、ロシアの支援するドイツのソーシャルメディアは、移民の受け入れは危険だし、現政権は臆病で嘘つきで、ＡｆＤこそがドイツを救えるのだと喧伝した。二〇一七年九月の選挙でＡｆＤは、全体の一三パーセントの票を獲得し、第三政党に躍り出た。極右政党がドイツの連邦議会で議席を確保したのは、一九三三年のナチス政権以来のことだ。党首のアレクサンダー・ガウラントは、メルケルを「追っ払って」、「我らの国を取り戻す」と誓った。[*93]

ほかのヨーロッパ諸国の政治家たちは、メルケルよりもさらにいっそう運がなかった。ポーランドでは、ドナルド・トゥスク首相の率いる「市民プラットフォーム」政権が、将来ウクライナがヨーロッパの一員になることを支持してきた。マイダンでポーランドの国旗が翻るなか、ポーランドの若者たちが同志を助けるべくキエフにやってきた。ひと昔前の世代に属し、ポーランドの反共産党抵抗運動に参加した過去をもつ人々は、二度と見ることはないと思っていたものをマイダンで見出した──社会階層や政党を超えた「連帯」だ。ポーランドの外相ラドスワフ・シコルスキは、自らキエフに出向いて、抗議者と政府間の交渉による和解の道を探った。[*94]

ところがその後、このポーランド政府は転覆することになる。事の発端は、「市民プラットフォーム」の政治家同士がレストランで交わした私的な会話を録音したテープが出てきたことだ。ただし問題は、このテープがスキャンダルを暴露したことではなかった。たしかに暴露はしたが、それよりも問題なのは、政治家たちがプライベートでどんな会話をしているかをポーランド国民に聞かせてしまったことにある。どんなふうに食事を注文し、ジョークを交わしているかを有権者に知られて生き延びられる政治家は少ない。シコルスキはわりと手堅い政治的判断を語っているところを録音されたのだが、その言い回しは公の場のそれとは違っていた。ウェイターたちを雇って会話を録音させた人物は、ウラジーミル・プーチンと関係の深い会社に二六〇〇万ドルの借金があった。また会話が録音された二軒のレストランを所有する合弁企業は、ロシアのマフィアのドンのなかのドンとされるセミオン・モギレーヴィチとつながりがあった。[*95]

公的な責務と私的な生活を隔てる一線を越えることは、一見するよりはるかに由々しき事態をもたらした。二〇世紀にナチスとソヴィエトの野望が集中した国で、望みもしないのに私的な会話が暴露されたのは、全体主義の萌芽を意味した。それでもこの点が指摘されることはめったになかった。ドイツとソ連による侵攻についてのポーランド人の記憶は、ともすれば英雄的行為と極悪非道の行為の周辺にとどまりがちだった。一方、失われた記憶とは、全体主義が一九七〇年代から八〇年代までいかにして持ちこたえたかというものだ。それができたのは、加害者と被害者がはっきり区別できる残虐行為によってではなく、私的生活と公的生活を隔てる一線を蝕むことで法の支配を覆し、それに加担するよう大衆を唆《そその》かしたことによる。ポーランドは、会話が盗聴され、予期せぬ告発がなされ、つねに猜疑が渦巻く世界に戻ってしまったのだ。[*96]

公的な生活は私的な生活がなくては維持できない。たとえ最も優れた民主主義者ですら、極秘の会話ができなければ統治は不可能だ。暴露されても平気な政治家とは、他者の秘密を握る者か、あるいは率直に認めている普段の態度があまりに恥知らずなので、恐喝されても痛くも痒くもない者だけだ。つまるところ、ルールを破る政治家の「偽善」を暴くITを使ったスキャンダルが、ルールを端《はな》から無視する政治家を助けるのだ。デジタル世界での情報の暴露は、秘密を抱えた者を表舞台から引きずり降ろすし、逆に派手な見世物を仕掛ける者を担ぎだす。公的な人物の私的な生活は政治と同じだと認めることで、市民は公的な領域の破壊に手を貸すのだ。こうした全体主義の静かなる出現は、二〇一四年のテープ・スキャンダルのさなかのポーランドで見受けられ、二〇一六年には、アメリカにおいても目につくようになる。

二〇一五年一〇月に「市民プラットフォーム」が議会選挙でライバルの右派政党「法と正義」に負けたことは、さほど驚くことではなかったかもしれない。「市民プラットフォーム」は一〇年近く政権の座に就いていて、テープ・スキャンダルのほかにも、ポーランド国民には飽き飽きし不信を募らせる理由があった。それでも一一月に政府が組閣されると、予想外のことが起きた。過激なナショナリストのアントニ・マチェレヴィチが要職に就いたのだ。選挙期間中は「法と正義」は、ポーランドの国家安全保障の脅威だと何十年も前から評されていたマチェレヴィチを国防相に指名することはない、と約束していた。ところが、この男は国防相の職に就いたのだ。[*97]

秘密やその暴露に気をとられてやまない政治家マチェレヴィチは、当然ながらテープ・スキャンダルから恩恵を受けた。一九九三年のことだったが、マチェレヴィチは、ポーランドの共産党関連の保管記録を例外的に処理することで、自国の政府を転覆させていた。共産党の秘密警察が作成したファイルを調べて情報提供者を見つけるという、繊細な注意を要する仕事を任されると、かわりに記録から適宜選んだ氏名を公表したのだ。ただしこの一九九三年の「マチェレウィチ・リスト」には、自身の政治的盟友のミハウ・ルーシニャをはじめとする実際の工作員の大半が除外されていた。そこには秘密警察とはなんら関係のない人物たちが載っていたが、彼らはその後長いこと、自身の汚名を晴らすために苦労する羽目になる。

二〇〇六年に「法と正義」が政権を握ると、マチェレウィチはまたも別の慎重を要する仕事を任された――ポーランド軍情報機関の改革だ。すると、この機関の手法を明かし工作員の名前を挙げた報告書を公表し、結構なあいだその機能を麻痺させた。さらに、この報告書をすぐさまロシア語に訳させるべくロシア人の翻訳者を雇ったが、この翻訳者にはソ連の秘密情報機関に協力した前歴があった。二〇〇七年に自ら創設した新たな軍防諜機関のトップに就いたマチェレウィチは、軍事関連の機密文書をヤツェク・コタスに渡したが、この男はロシアのマフィアのドン、セミオン・モギレーヴィチとつながりのあるロシア企業で働いていたため、ワルシャワでは「ロシア・コネクション」として知られていた。二〇一五年にマチェレウィチは国防相としてまたも国の安全保障に対する派手な違反を画策し、ロシアのプロパガンダを追跡する役目のワルシャワのNATO施設に対し、夜間に非合法の抜き打ち捜査を敢行した。[*98]

永遠の政治の達人マチェレウィチは、ポーランドの受難の歴史そのものを、政治の作り話で覆い隠してみせた。二〇一五年に国防相に就任すると、近年起きた人道的、政治的悲劇を、敵を新たに定義できる無垢の物語に解釈した。それは二〇一〇年の四月に起きたスモレンスクの惨事のことだ。カティンの虐殺を追悼すべくロシアに向かった、ポーランドの政界の指導者や民間の指導者の乗った飛行機が墜落した事件である。その時点で、ポーランドの首相を務めていたのは「市民プラットフォーム」のドナルド・トゥスクで、大統領は「法と正義」のレフ・カチンスキだった。トゥスクは公式の追悼式に出席する政府派遣団をスモレンスクに送った。これに対抗し、「法と正義」の指導部も大急ぎで別のいくつかの追悼行事に向けて代表団を送る手配をした。[*99]

とはいえ、生きている者しか死者を追悼できない。ライバル意識からの後者の派遣団が犯した最初のミスは、そもそも事前計画などほぼないなかで、同じ目的地に同時に向かう二機の飛行機に、あれほど大勢のポーランドのエリートたちを乗せたことだ。そして第二のミスは、パイロットが着陸訓練を受けたことのない軍用飛行場に、無茶な条件のもと、この二機を着陸させようとしたことだ。一機は霧のなかで滑走路を見つけだしたが、もう一機は森に墜落し、乗っていた全員が死亡した。この二機目の飛行機は、基本的な安全手順も守られていなかった。パイロットに通常与えられる権限が奪われていて、コックピットのドアが閉まっていなかったのだ。ブラックボックスの記録から明らかになったのは、パイロットが着陸を望んでいないにもかかわらず、空軍指令官をはじめとする機内後部の乗客から着陸を強制されていたことだ。ブラックボックスの記録によれば、大統領のレフ・カチンスキ自身は判断を控えていたが、代理の人間が「大統領の判断」だとパイロットたちに直接伝えていた。これは不適切なだけでなく、取り返しのつかない過ちだった。自らの命だけでなく、連れの乗客や搭乗員全員の命を奪うことになったからだ。[*100]

この惨事は、避けられた人為的ミスによるものだった。この事実に向き合うのは容易ではなかった。カティンが想起させる空気のなかで、人々の感情が高ぶった。それはカチンスキの身内ではなおさらだった。政治でつながっていた双子の兄弟が、突如、思いもよらぬ恐ろしいかたちで分断されたのだ。「法と正義」の党内で、この事故は妙な後くされを残すことになった。双子の一人（新たに「法と正義」の党首になったヤロスワフ）はまだ生きていて、もう一人（大統領のレフ）が不可解な惨事によって死亡した。この二人の兄弟が墜落前の数分間に言葉を交わしていたのもまずかった。どんな会話がなされたにせよ、ヤロスワフが着陸を思いとどまるようレフを説得しなかったのは明らかだった。

マチェレウィチは、死後にその理由を探せば政治の便利な作り話に利用できることを承知していた。そこでこの墜落をめぐる謎について騒ぎ立て、もっともらしさのない矛盾した説明を持ちだし、プーチンとトゥスクが協力して政治家の大量殺戮を計画したのだとほのめかした。その手法は、ロシア当局がＭＨ17便の一件を扱ったときと驚くほど似ていた。ＭＨ17便の場合、ロシアは民間の旅客機を撃墜し、それを否定しようとした。スモレンスクの場合、ロシアは旅客機を撃墜してはいなかったが、マチェレウィチの方はロシアが撃墜したと証明したがっているかに見えた。とはいえ、この違いは、類似点に比べればささいなものだ。どちらの場合も、手がかりとなる証拠には事欠かず、どの証拠にも説得力があり、それに基づく調査で明快な結論が出ていた。そしてどちらの場合も、永遠の政治の政治家が事実の存在を葬り、自分たちが被害者であることを裏づける物語を紡ぎだした。*101

マチェレウィチは、スモレンスクの事故による犠牲者のリストを公の場に掲載するよう要請し、毎月開かれる熱のこもった追悼集会に参加した。戦争や蜂起で命を落とした勇者を讃えるのに用いられるポーランド語の「ポレグウィ」という言葉を、マチェレウィチたちは墜落事故の犠牲者をさして使った。二〇一五年以降、スモレンスクは、ポーランドの歴代の指導者が追悼を望んだカティンの事件よりも重要に、第二次世界大戦そのものよりも重要に、さらには二〇世紀という時代よりも重要になった。スモレンスクの追悼はポーランド社会を、作り話だけができるやり方で分断した。ポーランドをその同盟国から孤立させたのだが、それは西側の指導者の誰もが、マチェレウィチの唱える説を信じられないどころか、信じるふりすらできなかったからだ。ポーランド史にあった数々の恐怖を伝えようとした歴史家たちの四半世紀にわたる努力は、ほんの数ヶ月間で水泡に帰した。マチェレウィチのおかげで、ポーランドにおける真の受難の歴史はナショナリストの嘘に覆い隠された。トゥスクはEUの元首に当たる、欧州理事会議長（EU大統領）に選ばれた。ヨーロッパの政治家たちは、トゥスクがプーチンと共謀して大量殺戮を計画したとのマチェレウィチの説を、すんなり受け入れることなどできなかった。[*102]

マチェレウィチによるロシアの糾弾はあまりに露骨だったので、どう見ても彼がロシアの工作員とは思えなかった。ひょっとしたらそれが狙いだったのかもしれない。マチェレウィチはスモレンスクの事件を騒ぎ立てる裏で、モスクワとつながりのある者を昇進させていた。自身の副大臣に指名したバルトシュ・コフナツキは、二〇一二年にモスクワまで出向き、プーチンによる不正選挙を合法だと認めた人物だ。また国家の暗号政策のトップに指名したトマシュ・ミコライェルスキは、素性のほぼ不明な――「身体検査」に合格できなかった以外は――人物だった。他の指名については、「ロシア・コネクション」であるヤツェク・コタスを頼みにした。コタスが経営するシンクタンクは、マチェレウィチのために幹部を揃えた。その政策方針文書の一つは、ポーランド軍を脱専門職化し、政府への抵抗を阻止する領土防衛軍によって補うべきだと進言していた。この文書を共同執筆したクリシュトフ・ガイは、ウクライナのファシズムにまつわるロシアのプロパガンダを拡散した人物だった。マチェレウィチは領土防衛軍を彼個人の支配下に置き、ポーランド軍の指揮系統を回避した。まもなく領土防衛軍には、ポーランド海軍全体に引けをとらない額の資金が投入された。マチェレウィチはポーランドの高位の参謀や実戦向けの将軍の大半を馘首《かくしゅ》し、未経験の者を後任に据えたが、そのなかには親ロシア派で反NATO派として知られる者たちもいた。[*103]

その間《かん》ワルシャワは、NATOやEUの仲間から一目置かれてきた方針を放棄した。ウクライナの独立への支持をとりさげたのだ。「法と正義」の政権下でワルシャワは、ポーランド人が完全に無垢であることを示しながら、ポーランドとウクライナ間の係争のエピソードを強調することを選んだ。これはマロフェーエフが二〇一四年に資金を出したポーランドの政策だったが、そのときはさほど成功しなかった。とはいえ、今や資金はまるで要らないように思えた。西側の同盟国は当惑した。コフナツキはフランスに、ポーランド人があなた方にフォークの使い方を教えたのだと言い放った。イギリスの情報機関は、ポーランドは信頼できるパートナーではないと結論づけた。[*104]

マチェレウィチはアメリカとのコネクションをいくつか維持していたが、これもたどっていけば結局はロシアに行き着いた。二〇一〇年にマチェレウィチは、スモレンスクの悲劇にどう対応すべきか助言を求めてアメリカまで出向いた。アメリカの下院にダナ・ローラバッカーという頼れる伝《つて》があって、このアメリカの議員はウラジーミル・プーチンやロシアの外交政策を支持していることで有名だった。二〇一二年にＦＢＩは、ロシアのスパイから情報源と見られていますよ、とローラバッカーに警告した。共和党の下院多数党院内総務のケヴィン・マッカーシーはのちに、ロシアから最も報酬を貰っていそうな共和党の政治家としてローラバッカーの名を、ドナルド・トランプの名とともにだが挙げた。二〇一五年にマチェレウィチが国防相に就任すると、ローラバッカーはワルシャワまで会いに出向いた。二〇一六年にローラバッカーは今度はモスクワに出向き、トランプの選挙活動に役立つにちがいないとモスクワが考える資料を入手した。興味深いのは、マチェレウィチが、自らの選挙活動へのロシアの関与を疑われたドナルド・トランプのことを、わざわざ擁護したことだ。[*105]

マチェレウィチは自身をモスクワと結びつけるもろもろの事実を否定しなかった。というよりも事実の存在を目の敵にした。あるジャーナリストが、マチェレウィチのロシアとのつながりを詳しく書いた書物を二〇一七年に出版したとき、マチェレウィチは異議を唱えることも、また自身が証拠を出すことが求められる民事法廷でこのジャーナリストを訴えることもしなかった。そのかわり、調査報道は閣僚への「身体的な攻撃」であると主張し、このジャーナリストをテロ容疑で軍事裁判にかける手続きに乗りだした。二〇一八年の一月にマチェレウィチは国防相を交代させられた。そのころには、ＥＵ――もっと言えば、その執行機関であるＥＣ（欧州委員会）――が、法の支配の基本原理に違反したことでポーランドに制裁措置を加えるよう提案していた。[*106]

政治の作り話は、ロシア人だけの持って生まれた特技というわけではない。イリインとスルコフが自らの結論にたどり着いた理由は、ロシアでの経験と、ロシアのための野望にあった。ほかの社会もまた、同じ政治のかたちに届する可能性はある。たとえば衝撃的な事件やスキャンダルを経たポーランドのように。あるいは不平等や、ロシアによる自国の政治への介入を経験したイギリスやアメリカのように。ピーター・ポマランツェフは、二〇一四年に発表したロシアのメディアや社会についての書（『プーチンのユートピア』）のなかで、「ここはもうこのままではなくなってしまうし、そのどこかのようになってしまうんだ」――つまり西側がロシアのようになりつつあるんだ、という省察で締めくくる。このプロセスに拍車をかけたのが、ロシアの政策だったのだ。[*107]

指導者たちがロシアを改革できないのなら、改革など不可能に見せなければならなかった。もしも、あらゆる指導者、あらゆるメディアが嘘をついているとロシア人が信じたならば、西側を自分たちの範にするのもやめてしまうだろう。もしも、ヨーロッパやアメリカの市民が互いに対しても自国の体制に対しても広く疑いを持つようになれば、ヨーロッパやアメリカだって分裂するおそれがある。なぜなら、ジャーナリストは全面的懐疑論の前では無力だからである。市民が互いを頼りにできなくなればシビル・ソサエティは衰退する。法の支配とは、人々は無理強いされることなく法に従うものだし、いざ執行されるとなれば公平にである……そう信じることで成り立つからだ。公平という発想そのものが、立場の違いはあっても理解されうる真実があることを前提としている。
ロシアのプロパガンダはヨーロッパの極右のなかのロシアの庇護者たちによって伝播されたが、彼らはヨーロッパの諸制度を破壊することへの関心をロシアと共有していた。たとえば、ロシアによるソドミーとの戦い（そしてそれとつながるロシアによるウクライナ侵攻）が「新たな冷戦」または「冷戦2・0」であるとの発想は、イズボルスク・クラブが練りあげたものだ。これはロシアにとって都合のいい理解の仕方だった。というのもそれによってゲイ・バッシング（さらにゲイ・バッシングをしているあいだに無力な隣国に侵攻すること）を、文明のかたちをめぐる世界の超大国との壮大な戦いに仕立てることができたからだ。この「新たな冷戦」という譬えは、国民戦線の党首マリーヌ・ルペンによって拡散された。彼女はこの言葉を二〇一一年からRTで用いはじめたが、二〇一三年七月のモスクワ訪問のさいにも使った。同じときに、同じ言葉を、アメリカの代表的な白人至上主義者のリチャード・スペンサーも、RTのインタビューに答えて使った。[*108]
さらにヨーロッパとアメリカの極右は、マイダンでのウクライナ人の抗議運動は西側の煽動による、とのロシアの公式見解を拡散した。ポーランドのファシスト、マテウス・ピスコルスキは、ウクライナ人の抗議運動は「アメリカ大使館」の仕業だと言い切った。オーストリア自由党（FPÖ）の党首ハインツ＝クリスティアン・シュトラーヒェは、西側の秘密情報機関に責任があるとした。ハンガリーのヨッビク党党首マートン・ギョンギョシは、反ユダヤ主義者やネオナチがRTのコメンテーターになるより数年も前から、ロシアの新聞雑誌によって反ユダヤ主義者のネオナチと認められていた男だが、彼もまたアメリカの外交官がマイダンの抗議者を手配したのだと発言した。ドイツのネオナチ、マヌエル・オクセンライターは、ウクライナの革命は「西側によって押しつけられた」ものだと語った。こうした人々のなかで証拠を提出した者は誰一人いなかった。

ヨーロッパの極右が拡散したロシア由来の陰謀説の数々は、アメリカの右派にも支持者たちを見出した。二〇〇八年と二〇一二年に大統領に立候補した元共和党下院議員のロン・ポールが出した声明は、とりわけ興味深いものだった。自らを「リバタリアン」と称するポールは、アメリカが海外で展開する戦争に対して精力的に批判を仕掛けてきたが、ここにきてロシアが他国で行う戦争を擁護した。ポールはセルゲイ・グラジエフの名を挙げて賛同を表明した——とはいえグラジエフの唱えるファシストの政治やネオコミュニストの経済理論はポールのリバタリアニズムとは矛盾していたし、グラジエフの主戦論とポールの孤立主義もまた矛盾していたのだが。ポールはユーラシア構想を擁護したが、これもまた意外だった。この構想が根ざす哲学はファシストのそれで、その経済理論は国家計画にまつわるものだからだ。ポールはヨーロッパの大勢のファシストたちを真似て、ウクライナで「アメリカ政府はクーデターをまんまと成し遂げた」と断言した。彼らと同じく、ポールもまた証拠を提出しなかった。その代わりにRTのプロパガンダを引用した。[*109]

アメリカの隠れナチ組織を率いるリンドン・ラルーシュがグラジエフの後追いをするのは、それほど驚くことでもなかった。ラルーシュとグラジエフは、国際的な（ユダヤ人の）寡頭政治《オリガーキー》や

（ユダヤ人の）リベラルによるロシア人相手のジェノサイド、さらにユーラシアの望ましさといった発想を軸にして、二〇年にわたり協力し合ってきたからだ。ラルーシュから見れば、ウクライナとは、ユーラシア構想を阻むべくユダヤ人が築いた人工的な建造物だ。グラジエフをはじめとするロシアのファシストと同様に、ラルーシュもおなじみのホロコーストのシンボルを持ちだして、ユダヤ人が加害者で、他の者は被害者だと決めつけた。二〇一四年六月二七日、ラルーシュは、ウクライナ政府とはアメリカが敷いたナチスの暫定軍事政権《ジャンタ》だと主張するグラジエフの論文を出版した。[*110]

それと同時期の二〇一四年六月三〇日、アメリカのロシア研究者、スティーヴン・コーエンがロシアのメディアの使う罵詈雑言《ばりぞうごん》を拝借した。ラルーシュと同様にコーエンもまた、「ロシアによるウクライナへの侵攻はウクライナ側のジェノサイドを理由に正当化される」と主張するロシアのプロパガンダを支持していた。ウクライナがジェノサイドを行なったという話は、RTによって英語に訳され、その後アメリカの極右や極左の一部によって拡散された。このプロパガンダ作戦は、ホロコーストから連想するイメージを不当に用いたものだ。こうしたイメージを用いてラルーシュは、アメリカの反ユダヤ主義者に対して、ロシア人はユダヤ人の被害者だと見せかけることができ、かたやコーエンは、アメリカの左派やアメリカのユダヤ人に対して、一九四一年にユダヤ人が犠牲になったように二〇一四年にロシア人が犠牲になっていると匂わすことができた。いずれにせよ、その結果、ウクライナで起きた出来事が歪められるだけでなく、ホロコーストまでもが矮小化されてしまった。[*111]

『ネイション』誌に寄稿したコーエンは、ウクライナの首相が敵に「類人（subhuman）」という言葉を使ったと指摘し、これはウクライナ政府がナチスを信奉し、ナチスと同じ態度をとっている証拠だと主張した。たしかにウクライナの首相は、戦死したウクライナ兵の遺族にお悔やみの手紙を書き、手紙のなかで、攻撃を仕掛けた相手をさして「非人道的」（ウクライナ語で neludy、英語で inhuman）という言葉を使った。それからロシアのメディアがこのウクライナ語をロシア語で「類人」（nedocheloveki）と誤訳し、RTが英語放送でこの「類人（subhuman）」という言葉を使った。そして最後の最後にコーエンが、この誹謗の言葉をアメリカのメディアに持ちこんだのだ。あるRTの報道では、この誤訳がさらに別の一連の嘘と並べて放送され、そこにはルワンダの大量殺戮の画像が添えられていた。このRTの報道の一コマはイギリスの放送基準に違反しており、インターネットから削除された。この「類人」に関する虚偽の主張を読みたい方は、探せば『ネイション』誌で今でも確認できよう。[*112]

二〇一四年七月にロシアがMH17便を撃墜したとき、コーエンは「こうした撃墜は何度かあった。冷戦時代に経験している」と述べた。民間人が殺されたことは、冷戦時代の経験という過去に漠然と触れることによって、見逃されていた。ロシアの兵器が、ロシアの砲手によって、ロシアがウクライナに侵攻している最中《さなか》に民間の旅客機を撃ち落とし、二九八人を殺害した。国家が兵士と武器を運び、将校が発砲の指示を出し、そしてパイロットがコックピット内で爆弾の破片に身を裂かれて絶命し、機体が一〇キロメートル上空で分解してしまい、老若男女が突然の恐怖のなかで息絶え、ちぎれてばらばらになった身体が野辺に散ったのだ。二〇一四年七月一八日、コーエンがこの発言をした当日、ロシアのテレビはこの出来事のさまざまな筋書きを放送した。コーエンは、記者たちには判明していたこと——すなわち、複数のウクライナの航空機が数週間前から同じ場所でロシアの兵器によって撃墜されていたこと、そしてロシアのGRU将校イーゴリ・ギルキンが撃墜したと自慢した航空機が、あとからMH17便だと判明したこと——をアメリカ人に伝えるのではなく、話題を「冷戦」にすり替えたのだ。[*113]

ロシアの反同性愛政策やロシアのウクライナ侵攻は「新たな冷戦」であるとのこの発想は、イズボルスク・クラブのファシストたちによってロシア内に拡散されたインターネットミームであり、これはその後右翼の政治家——すなわち二〇一一年からはマリーヌ・ルペン、二〇一三年からはリチャード・スペンサー——によってRTを通じて拡散された。この言い回し「新たな冷戦」は二〇一四年に『ネイション』誌の基本路線となったが、それはコーエンが書いた記事と、この雑誌の発行者カトリーナ・ヴァンデン・フーヴェルの功績によるものだ。[*114]

二〇一四年七月二四日、テレビに出演したヴァンデン・フーヴェルは、モスクワが「内戦」において「休戦を呼びかけている」と主張した。こうした言い方をすることで、彼女は攻撃を仕掛けているロシアを、この紛争とは無関係のものにしていた。当時、「ドネック人民共和国」と「ルハンシク人民共和国」の首相は、どちらもウクライナ人ではなくロシア軍が連れてきたロシアの市民、正体はウクライナとはなんの関係もない政治テクノロジストたちだった。彼らはその広報の手腕を発揮し、まさにこの「内戦」という発想を喧伝していたが、ヴァンデン・フーヴェルはその拡散に手を貸していたのだ。彼女がテレビに出演した時点では、公安を担当していたのは（「ドネツク人民共和国」第一副首相を名乗った）ロシア市民のウラジーミル・アンチュフェエフだったが、彼はこの紛争を、国際的なフリーメーソンの陰謀との戦いであると説明し、アメリカの崩壊を予言していた。[*115]

ヴァンデン・フーヴェルの発言があったのは、MH17便がロシアの兵器によって撃墜された一週間後のことだが、その夏のあいだ、ロシアが国境を越えて武器を運んでいることは広く報道されていた。彼女が「内戦」という言葉を使ったのは、ロシアの領土内からロシアの砲弾が大量に発射されている最中《さなか》のことだった。発射場にいたあるロシアのジャーナリストは、「ロシアは自国の領土内からウクライナを砲撃している」と報じ、「ウクライナに対するロシアの軍事攻撃」について記事を書いた。ヴァンデン・フーヴェルが話しているあいだにも、ロシア連邦の各地を拠点とした部隊の何千人ものロシア兵が、ロシアとウクライナの国境に集結していた。ウクライナでロシアが行うこの戦争のシンプルな内実については、ロシアやウクライナの報道記者たちの働きによってその時点でもわかっていたが、『ネイション』誌のおかげでプロパガンダの言葉の綾に隠れてしまった。[*116]

イギリスの左派の有力な著述家たちも、ロシアと同じテーマを繰り返した。二〇一四年五月、ジョン・ピルガーは『ガーディアン』紙に、プーチンは「ファシズムの台頭に非を鳴らす唯一の指導者だった」と書いた。これは昨今の出来事を見れば、賢明な結論とは言えなかった。そのほんの数日前にネオナチがモスクワの通りを行進したが、この国の大統領からのお咎めはなかった。その数週間前にはロシアの国営テレビの「ロシア24」で、ニュースキャスターが、ユダヤ人は自らホロコーストを引き起こしたのだと言い張り、対談相手のファシストの作家アレクサンドル・プロハーノフもこれに同意した。プーチン政権はこのキャスターの女性に金を払ったし、プーチン自らもプロハーノフとともに何度もメディアに登場した（プロハーノフはロシア軍の爆撃機にも遊覧飛行気分で乗ったが、これもプロハーノフが公的に支持されているはっきりとした表れだった）。こうした人々にお咎めはなかったのだ。それどころか、その頃ロシアはヨーロッパの極右を結集していた――選挙の「監視員」として、戦場の兵士として、さらに自らのメッセージの広告塔として。モスクワはヨーロッパのファシストたちの会合をお膳立てし、フランスの極右政党「国民戦線」に資金を援助していた。[*117]

左派のオピニオン・リーダーたちは、なぜウラジーミル・プーチンという極右の世界的指導者に唆《そそのか》されたのか。ロシアは、サイバー戦争の専門家が「感受性《サセプティビリティ》」と呼ぶもの――そう言われたり態度で示されたりすると、人々がつい信じてしまいたくなるもの――をターゲットにした口説き文句を編みだした。ウクライナはユダヤ人がつくったものだと（ある聴衆には）説明し、さらにウクライナはファシストがつくったものだと（別の聴衆に）説明することは可能だった。左派の人々は、自分たちが傾倒するものを取り上げるソーシャルメディアの刺激に吸い寄せられた。ピルガーは、インターネットで見つけた文書に影響されて記事を書いた。その文書とは、ある医師が詐称して書いたもので、オデッサで起きたとされるウクライナ人の残虐行為を微に入り細を穿って説明していた――ところが、そんな医師は存在しないし、そんな残虐行為も起きていなかったのだ。『ガーディアン』紙の訂正記事は、ピルガーが情報源とした偽のソーシャルメディアのページが「その後削除された」ことを認めただけだった。だがそれよりはるかに穏やかでないのは、二〇一四年にこの紙上で最も読まれたウクライナに関する記事が、ロシアのポリティカルフィクションを英語に翻訳したものだったことだ。[*118]

二〇一四年一月に『ガーディアン』紙の副編集長シェイマス・ミルンは、ウクライナでの「抗議運動の中心には極右のナショナリストやファシストがいた」との見解を述べた。これは同紙によるウクライナからの報道ではなく、ロシアのプロパガンダを踏襲したものだった。ミルンは、およそ一〇〇万人のウクライナ市民が法の支配を掲げて寡頭政治《オリガーキー》に反対した努力を、なかったことにした。左派の伝統を誇る新聞にしては、なんとも奇妙な逸脱だった。ロシア軍部隊がウクライナにいることをプーチンが認めたあとですら、ミルンは、「異星人《リトルグリーンマン》」とはもっぱらウクライナ人だったと言って譲らなかった。二〇一三年に開かれた大統領主催による外交関連の有識者会議ヴァルダイで、このロシアの大統領はロシアとウクライナを「一つの国民」だと断言した。プーチンから招待されて、ミルンは二〇一四年に開かれたヴァルダイで、一つのセッションの議長を務めた。[*119]

こうした人々——ミルン、ピルガー（この二人はイギリス）、コーエン、ヴァンデン・フーヴェル、ラルーシュ、ポール（この四人はアメリカ）——の誰一人として、RTでは提供されない解釈を一つでも挙げることはなかった。ポールとラルーシュの場合のように、いかにもロシアのプロパガンダの賜物だとわかる場合もあった。『ネイション』誌や『ガーディアン』紙で、自分の書いたものが本物の報道記事のすぐ隣に載った者ですら、ロシアやウクライナの実際の記者たちの調査報道については知らぬ顔を通した。こうした影響力のあるアメリカやイギリスの著述家たちの誰一人ウクライナを訪れはしなかったが、これはジャーナリストなら当然実践すべきことだ。陰謀やクーデター、暫定軍事政権《ジャンタ》、野営地、ファシスト、ジェノサイドなどについてこれほど好き勝手に語る者たちが、現実の世界と接することは敬遠していた。遠く離れた場所から、彼らは一つの国を虚構のなかに埋《うず》めるべく己の才能を使っていた。そうすることで、彼らは自分たちの国にも、自分たち自身にも覆いを被せてしまったのだ。

二〇一四年から一五年にかけて、イギリス、アメリカ、ヨーロッパでは、ウクライナという国が本当に存在するのか、ロシアが本当にこの国に侵攻したのかを議論して膨大な時間を浪費した。こうした情報戦争の勝利からロシアの指導部が学ぶところは大きかった。このウクライナへの侵攻においてロシアが主たる勝利をあげたのは、実際の戦場においてではなく、ヨーロッパ人、アメリカ人の頭の中でだった。極右政治家がロシアのメッセージを拡散し、左派のジャーナリストがこれに注目を集めるのを手伝った。その後、左派のジャーナリストの一人が、権力の回廊に足を踏み入れた。シェイマス・ミルンはプーチン主催によるヴァルダイの一セッションで議長を務めたのち、二〇一五年一〇月に、イギリス労働党の党首ジェレミー・コービンの広報の責任者になった。ミルンを党の首席報道官に据えたコービンは、EU残留の熱心な提唱者ではなかったことが判明した。イギリスの有権者は脱退の選択をし、モスクワはこれを大歓迎した。*120

二〇一六年七月、ブレグジットの国民投票からほどなくして、ドナルド・トランプがこう口にした。「プーチンがウクライナに入ることはない。これは記事にしていいぞ」。ロシアによるウクライナ侵攻が始まったのは、その二年以上も前の二〇一四年二月、マイダンで狙撃手たちがウクライナ市民を射殺してすぐのことだ。その一連の出来事のおかげで、トランプは選挙対策本部長を確保できた。ヤヌコーヴィチはロシアに逃げたが、顧問のポール・マナフォートは、二〇一五年の年末までウクライナで親ロシア派の政党のために働いていた。マナフォートの新たな雇い主となった「野党ブロック」党は、要はロシアがウクライナに侵攻しているあいだにロシアと取引したくて立ち上げた、ウクライナの政治組織の一つだった。これはマナフォートが次の仕事に移るための格好のステップになった。二〇一六年にニューヨークに移ると、マナフォートはトランプの選挙活動の運営を引き継いだ。二〇一四年にトランプは、ロシアがウクライナに侵攻したことを知っていた。マナフォートの指導宜しきを得て、トランプはロシアの無垢を主張したのだ[*121]。

リンドン・ラルーシュとロン・ポールも、当時同じ立場をとっていた——ロシアは何も悪いことはしていない。ロシアによる侵攻は、ひょっとしたら起きていたかもしれないし、起きていなかったかもしれないが、いずれにせよ非はヨーロッパとアメリカにある、と。二〇一六年の夏から秋にかけて『ネイション』誌に寄稿したコーエンは、トランプとマナフォートを擁護し、いつの日かトランプとプーチンが協力し合い、世界の秩序を再構築することを夢見た。ロシアがEUやアメリカを非難するさいに発揮する虚言やファシズムは——トランプの選挙活動もアメリカでその片棒を担いでいたのだが——左派にとっては、あって不思議でないものという感覚だった。けれども二〇一六年に、左派のなかで、アメリカのトランプとその政治の作り話を真剣にとらえていた者はほとんどいなかったのだ。ひょっとしたらその理由は、左派の信頼していた著述家たちが、事実の存在を貶めるロシアの戦略を分析するよりも、むしろその当事者だったからだ。いずれにしても、ウクライナの警鐘が彼らの耳に届くことはなかった。

作り話の世界から現れた大統領候補がアメリカに登場したとき、ウクライナ人もロシア人もおなじみのパターンに気づいたが、アメリカの右派にも左派にも耳を貸す者はほとんどいなかった。ウクライナで使ったのと同じ手をモスクワがアメリカで使おうとしたとき、アメリカの右派にも左派にも気づいた者はほとんどいなかった。そうしてアメリカは陥落し、トランプが選出され、共和党は判断力を失い、民主党は衝撃に戦《おのの》いた。このポリティカルフィクションを提供したのはロシア人だが、アメリカ人もまたそれを求めていたのだ。

第6章　平等か寡頭政治《オリガーキー》か（二〇一六年）

徒党、陰謀、腐敗に対して、実際に役立つありとあらゆる防禦の手だてを講ずることが何よりも望まれていた。共和政治に反対する最も恐るべき反対者たちが、多方面から攻撃をしかけてくるかもしれず、しかも主として、われわれの議会の中に不当な勢力を得ようとする外国列強の欲望からしかけられることが当然予想される。この場合、自分たちの手先を連邦の行政首長につけることほど、彼ら列強の満足しうるものが他にあるだろうか。

——アレクサンダー・ハミルトン、一七八八年

荒廃する田園、その犠牲は矢の如く疾《と》く。
富のみ山なせど、ひとびとは衰え果てる。

——オリヴァー・ゴールドスミス、一七七〇年

ウラジーミル・プーチンによる「永遠」の体制は、政治におけるもろもろの美徳に挑戦状を突きつけた——ロシアにおける継承原理を無効にし、ヨーロッパの統合に食ってかかり、新たな政治のかたちが生まれるのを阻止すべくウクライナに侵攻した。プーチンが仕掛けた最大の作戦は、アメリカを破壊するためのサイバー戦争だった。アメリカの不平等にまつわる種々《くさぐさ》の理由から、二〇一六年にロシアの寡頭政治《オリガーキー》がアメリカにおいて桁外れの勝利を収めた。そしてロシアの寡頭政治《オリガーキー》が勝利したことにより、アメリカにとって不平等はいよいよ大きな問題になった。

ドナルド・トランプの台頭は、まさにアレクサンダー・ハミルトンの恐れた「共和政治に反対

する最も恐るべき反対者たち」による攻撃だった。ロシアの指導者たちはトランプの出馬をおおっぴらに、かつすこぶる熱心に後押しした。二〇一六年を通してロシアのエリートたちは、にんまり笑いながらこう言った。「トランプこそ我らが大統領だ」。ロシアのメディアを率いるドミトリー・キセリョフは歓喜した。「新たなスターが生まれるぞ――その名はトランプだ」。ユーラシア主義者たちも同感だった。アレクサンドル・ドゥーギンは、「我らはトランプを信じる」と題した動画を投稿し、「トランプに投票せよ!」とアメリカ人にけしかけた。ロシア連邦議会下院で外交委員会の長を務めるアレクセイ・プシコフは、「トランプなら西側の機関車を脱線させてくれるだろう」との全般的な希望を口にした。なかにはアメリカ人に警告しようとするロシア人もいた――ロシア連邦初代外相だったアンドレイ・コズイレフの説明によれば、プーチンには「トランプがアメリカの民主主義を踏みにじり、この自分を食いとめられる強固で不動の柱であるアメリカを、破壊はできずとも傷つけられはするとわかっている」のだった。[*1]

ロシアのメディアの装置が、トランプのために作動した。ロシアのあるジャーナリストがのちにこう説明してくれた。「僕たちは明々白々な指示を与えられた。ドナルド・トランプを肯定的に見せて、彼の宿敵ヒラリー・クリントンを否定的に見せるように、とね」。ロシアのプロパガンダ発信元の通信社「スプートニク」は、ツイッターで #crookedhillary（いかさまヒラリー）というハッシュタグを使い――これはトランプを評価し支持するとの意思表示なのだが、その理由はそもそもこれがトランプの発言だからだ――さらにクリントンを核戦争と結びつけた。トランプは外国の視聴者に向けたロシアのプロパガンダ用テレビ局「RT」に登場してアメリカのメディアを嘘つき呼ばわりしたが、この出演はRTにとっては願ってもないことだった。そもそもこのテレビ局の存在理由は、誰もが嘘をついているというたった一つの真実を暴くことに尽きるのだし、ここに同じことを言ってくれるアメリカ人が現れたのだから。[*2]

その年の一一月にトランプが大統領選挙に勝利すると、ロシア議会は拍手喝采した。トランプはすぐさまプーチンに電話をして、プーチンから祝いの言葉をかけてもらった。ロシアのメディアを牽引するキセリョフは、日曜夜の自身の番組『ヴェスティ・ニデーリ』(『今週のニュース』)で、政治に男らしさが戻ってきたとトランプを祝福した。さらに視聴者に向けて、トランプはヒラリー・クリントンも含めたブロンド女たちを満足させるだろうとの空想を披露した。キセリョフが喜んだのは、「『民主主義』とか『人権』といった言葉がトランプの辞書にはない」ことだった。トランプとオバマの会談について報じたさいにキセリョフは、オバマが「ジャングルにいるみたいに両腕をぶらぶらさせていた」とうそぶいた。トランプの就任式についてコメントしたときには、ミシェル・オバマが家政婦に見えたと発言した。[*3]

「永遠の政治」では、ボットやトロール、幽霊やゾンビ、(ロシア人はサイバー攻撃による票をこう呼ぶが)「死せる魂」などといった、この世のものならぬ存在が走馬灯のごとく現れては、作り話の人物を権力の座に案内する。「成功したビジネスマンのドナルド・トランプ」(Donald Trump, successful businessman)は生身の人間ではなかった。それは奇妙な空気のなかで生まれた幻想だった——その空気のなかでアメリカの永遠の政治の下降気流（箍《たが》の外れた資本主義）が、ロシアの永遠の政治（泥棒国家の権威主義体制の放つ）毒性の高い蒸気と出くわしたのだ。ロシアは「自らの創造物」をアメリカ大統領の座に押しあげた。トランプは混沌と弱みを生みだすサイバー兵器の弾頭で、いかにもその役目を果たして混沌と弱みを生みだした。[*4]

トランプを大統領執務室《オーバルオフィス》に送りこむまでには三つの段階があったが、いずれもアメリカの弱みをあてにし、アメリカの協力を必要とした。まずロシアは、事業に失敗した一人の不動産開発業者を、自分たちの資本の受取人に変える必要があった。次に、この失敗した不動産開発業者は、アメリカのテレビに出て、成功したビジネスマンを演じる必要があった。そして最後に、ロシアは二〇一六年の大統領選挙に意図的に介入し、この作られた人物「成功したビジネスマンのドナルド・トランプ」を支援して勝利を収めた。

その間《かん》ずっとロシアは、何が事実で何が作り話かを知っていた。ロシアはトランプが何者かを知っていた。本人がツイッターの自己紹介で述べているような「とびきり成功したビジネスマン」（VERY successful Businessman）ではなく、ロシアの手先になりさがったアメリカの負け犬だ、と。アメリカ人はまた別な風に夢見ていたかもしれないが、モスクワで重要な立場にいる人間のなかで、トランプを影響力のある実業界の大立て者《タイクーン》だなどと信じる者は誰もいなかった。ロシアの金が、あれだけ失敗を重ねたら誰にでも普通は待ち受けるはずの運命から、この男を救っていたのだ。[*5]

アメリカ人の目から見れば、トランプ・タワーとはニューヨークの五番街にそそり立つ、けばけばしいビルだ。かたやロシア人の目から見れば、トランプ・タワーとは国際的な犯罪をさし招いている場所である。

一九九〇年代にロシアのマフィアは、トランプ・タワーの部屋を売り買いすることで資金洗浄《マネーロンダリング》に乗りだした。FBIに長らく追われているロシア屈指の悪名高き殺し屋が、トランプ・タワーに居を構えた。トランプの私室の真下にある部屋で賭博場を開いた廉《かど》でロシア人たちが逮捕された。一九九九年から二〇〇一年にかけて、マンハッタンはイーストサイドに立つ国連ビルの隣にトランプ・ワールド・タワーが建設されたが、その豪奢な部屋の三分の一を購入したのは、旧ソ連の個人や組織だった。財務省から資金洗浄の件で調査されたある人物は、トランプ・ワールド・タワーでケリーアン・コンウェイの真下の部屋に住んでいたが、コンウェイはのちにトランプのスポークスウーマン、選挙対策本部長を務めることになる。またフロリダ州南部にあるトランプの不動産のうち、七〇〇室がペーパーカンパニーによって購入されていた。こうしたペーパーカンパニーとつながりのある二人の男が、トランプ・タワーで賭博と資金洗浄を企てたとして有罪判決を受けた。ひょっとしたらトランプは自分の不動産で何が起きているのか、さっぱり気づいていなかったのかもしれない。[*6]

一九九〇年代の終わり近くになると、トランプは世間では弁済能力を欠いているし、破産したと見なされていた。七〇以上もの銀行におよそ四〇億ドルの負債があり、そのうち八億ドルかそこらはトランプ個人の保証によるものだった。どう見てもトランプには、この負債を返済する気も、返済できる様子もなかった。二〇〇四年に破産すると、アメリカでトランプに金を貸そうとする銀行はなくなった。唯一金を貸したのはドイツ銀行だけだったが、この銀行はその謹厳な名前に似合わず醜聞に彩られた歴史を持っていた。興味深いことに、ドイツ銀行はまた、二〇一一年から二〇一五年にかけて、ロシアのクライアントのために、およそ一〇〇億ドルを洗浄していた。そして興味深いことに、トランプは自身の負債をドイツ銀行に返済するのを断っていた。

あるロシアのオリガルヒは、トランプから、トランプがその家に支払った額より五五〇〇万ドルも高く家を購入した。買い手のドミトリー・リボロフレフは、その不動産にちっとも関心がなさそうで、そこに住むこともなかった――ところがのちにトランプが大統領選に出馬すると、リボロフレフはトランプの遊説先のあちこちに姿を見せる。トランプの表向きの商売である不動産開発業は、ロシアの見え透いた芝居に転じていた。高級マンション群が資金洗浄に使えると気づいたロシア人たちは、トランプの名前を使ってさらに多くのビルを建設した。二〇〇八年にドナルド・トランプ・ジュニアが語ったように、「ロシア人は僕たちの資産のかなり不相応なパーセンテージを担っている。ロシアから大金が入ってくるんだよ」[*7]。

ロシアの申し出をつっぱねるのは容易ではなかった。何百万ドルもが前金でトランプに支払われ、利益の分け前がトランプに差しだされ、ビルにトランプの名前が冠される――なのにトランプからの投資はいっさい必要ないのだ。この条件は両者にとって都合が良かった。二〇〇六年に旧ソ連の市民は、トランプ・ソーホー・ホテルを建てるための資金を出し、その収益の一八パーセントをトランプにくれてやった——トランプ自身は一セントも出していなかったのに。フェリックス・サターにとって、こうした物件は通貨の「コインランドリー」だった。ロシア系アメリカ人のサターは、トランプ・タワーにあるトランプの私室の二階下のオフィスで、トランプ・オーガニゼーションの上級顧問として働いていた。サターがベイロック・グループと呼ばれる法人（サターが創立者）を通じて調達してくるロシアの金が、トランプの頼みの綱だった。サターは、旧ソ連圏から来た人々がペーパーカンパニーを介して物件を購入するのを手配した。二〇〇七年からサターとベイロック・グループは世界各地でトランプに手を貸し、最少でも四つのプロジェクトで協力した。そのいくつかは失敗に終わったが、おかまいなくトランプは金を稼いだ。[*8]

　ロシアは裕福な国ではないが、その富の集中は際立っている。そんなわけでロシア人が低利で融資を持ちかけ、あとから指値を言って相手に負債を負わせることも珍しくなかった。大統領候補だったときのトランプは、納税申告書を公表しないことで何十年にもわたる伝統を破ったが、その理由は、おそらく公表すればロシアの資本に頼りきっているのが露見するからだった。二〇一五年六月に大統領候補に名乗りをあげてからも、トランプはリスクと無縁の取引をロシアと続けていた。二〇一五年一〇月、共和党の大統領候補討論会が近づく時期に、トランプは、ロシア人たちがモスクワに高層ビル《タワー》を建てて自分の名を冠することへの同意書にサインした。それから自身のツイッターを介して「プーチンはドナルド・トランプが大好きだ」と触れまわった。[*9]

　最後の取引は日の目を見なかったが、おそらくその理由は、もしそうなれば、トランプの大統領選挙戦に弾みがついた時点で、彼の見せかけの成功の裏にロシアの資金があることが少しばかり目立ちすぎてしまうからだった。作られた人物である「成功したビジネスマンのドナルド・トランプ」には、もっとほかにやることがあった。フェリックス・サターが二〇一五年一一月に書いたように、「我々の坊や《ボーイ》はアメリカ大統領になれるだろうし、我々がそれをお膳立てできるのだ」。二〇一六年にトランプに選挙資金が必要になったちょうどそのとき、彼の不動産はペーパーカンパニーにすこぶる人気の物件になった。トランプが共和党の候補に指名されてから大統領選で勝利するまでの半年間に、彼のビルで売られた部屋の七割かそこらは、個人でなく有限責任会社（ＬＬＣ）に買われていた。[*10]

このロシアの「坊や」は、アメリカの人気テレビ番組『アプレンティス』で、自分の意のままに人を雇ったりクビにしたりできる大立て物《モーグル》を演じたおかげで、アメリカ人なら誰もが知る存在になった。この役はいかにもトランプにぴったりだったが、その理由はたぶん、そんな人間のふりをするのがもう彼の日課になっていたからだ。番組の世界は無慈悲な寡頭政治《オリガーキー》で、そこでは個人の未来がたった一人の男の気まぐれに左右される。毎回、番組のクライマックスで、トランプが「お前はクビだ！」（「ユー・アー・ファイアード！」）と叫んで苦痛をもたらす。トランプは大統領選に立候補すると、この世界は本当にそんなものだとばかりに、番組のなかと同じにふるまった。法を無視し、組織や制度を嫌悪し、同情心のかけらもない、作られた富を誇る作られた人物が、苦痛をもたらすことで国民を統治できるのだ。トランプが討論会で共和党のライバルたちの影を薄くすることができたのも、テレビで作り話の人物を演じる練習を長らく積んだおかげだった。

トランプは本当でないことを言いふらしていたが、それは今に始まったことではなかった。二〇一〇年にRTは、大統領のバラク・オバマは合衆国生まれではないとする、アメリカの陰謀論者による説を拡散させるのに手を貸した。この作り話は、選挙で選ばれた自分たちの大統領を脳裏から消し去りたいと願うアメリカの人種差別主義者の弱みにつけこんだもので、彼らをもう一つの現実(オルタナティヴ・リアリティ)の世界の住人になるよう誘《いざな》った。二〇一一年にトランプは、この幻想を広める戦略のスポークスマンになった。その役が務まったのは、彼がテレビで演じた成功したビジネスマンをアメリカ人に連想させたからだ。だがそれも、ロシア人がトランプを救ってやったからこそできたことだ。作り話を支える作り話は、これまた作り話に支えられていた。[*11]

ロシアから見れば、トランプは窮地を救ってやった敗北者、そして現実のアメリカを大困難に陥れるのに使える手づるだった。この関係は、二〇一三年にモスクワで開かれたミス・ユニバースのコンテストで芝居気たっぷりに披露された。このときトランプは、このロシアの大統領が自分の「親友」になってくれないかなと願いつつ、プーチンの前で澄まし込んでいた。ロシアのパートナーたちは、彼が金に困っていると知っていた。そこでコンテストを開催するあいだ、トランプに二〇〇〇万ドルを支払った。トランプが、金と権力を持つアメリカ人の役柄を演じられるようにしたのだ。このコンテストのために撮影したミュージック・ビデオのなかで、トランプは、成功した若きポップスターで、このコンテストを実際に運営する男の息子に、「お前はクビだ！」

（「ユー・アー・ファイアード！」）と叫ぶのを許された。トランプに勝たせてやれば、完全にこの男を手なづけられる、というわけだった。[12]
「勝者のトランプ」とは、そもそもこの男の国を敗北させるための作り話だったのだ。

ソヴィエトの秘密警察――時代とともに、チェカー、GPU、NKVD、KGB、そしてロシア連邦になってからはFSBの名で知られる――は、「積極工作」と呼ばれる特殊な類いの作戦に秀でていた。諜報活動とは目で見て理解することで、防諜活動とは他者にそれをしづらくさせることだ。そして積極工作とは、「成功したビジネスマンのドナルド・トランプ」という作られた人物のための作戦のように、敵が自らの強みを自らの弱みの方に向けるよう仕向けることだ。アメリカが二〇一六年のサイバー戦争でロシアに完敗した原因は、テクノロジーと暮らしの関係が、積極工作を仕掛けるロシアに有利なように変化していたからだった。[13]
一九七〇年代、八〇年代まで続いた冷戦は、現実世界で魅力的な物を目に見えるかたちで消費するテクノロジーの競争だった。当時、北アメリカと西ヨーロッパは、間違いなく有利な立場にあった。そして一九九一年にソ連が崩壊した。二〇〇〇年代から二〇一〇年代にかけて、規制のないインターネットがアメリカの大半の家庭に入りこむと（ロシアの場合はそうではなかったが）、テクノロジーと暮らしの関係が変化した――そしてそれにともない力の均衡《バランスオブパワー》にも変化が起きた。二〇一六年になると、平均的なアメリカ人は一日一〇時間以上をテレビやパソコンの画面の前で過ごし、そのほとんどにインターネットに接続する装置がついている。『うつろな男たち』のなかで、T・S・エリオットはこう書いた。「観念と現実／のあいだに／動因と行為／のあいだに／影がおちる」。二〇一〇年代のアメリカにおける「影」とはインターネットで、これが人々を今自分がしていると思うことから引きはがした。二〇一六年になると、テクノロジーは、もはや外の世界に向けてアメリカの社会をより良く見せたりはしなくなった。そのかわりにアメリカ社会の内側を、さらにはアメリカ人一人ひとりの頭の中を、もっとよく見えるようにしたのだ。[*14]

ジョージ・オーウェルの『一九八四年』のなかで、主人公がこう言われる。「君はうつろな人間になるのだ。われわれはすべてを絞《しぼ》り出して君を空《から》っぽにする。それからわれわれ自身を空っぽになった君にたっぷり注ぎこむのだ」。二〇一〇年代になると、競争とは、冷戦時のように消費できる物資的な対象にかかわるものではなく、頭の中に生みだすことのできる心理状態にかかわるものになった。ロシアの経済は、物質的価値のあるどんなものものつくる必要はなかったし、実際につくらなかった。ロシアの政治家たちは、頭の中味を変えさせるために他国の生みだしたテクノロジーを使う必要があり、実際にそのように使った。いったん競争が目に見えない人格操作にかかわるものになれば、ロシアが勝つのも少しも驚くことではなかった。

プーチンのもとでロシアは、大義のためなどでなく、たんに自分たちに好ましい条件が揃ったという理由で宣戦布告を行った。イリインをはじめとするロシアのナショナリストたちは、西側を霊的な脅威であるとし、西側の存在そのものが、ロシア人に害をおよぼしたり混乱を招きかねない数々の事柄を生んだと決めつけた。その理屈から言って、ヨーロッパ、アメリカに対し先制のサイバー攻撃を仕掛けることは、それが技術的に可能になったとたんに正当化されてしまった。二〇一六年までに、すでにロシアのサイバー戦争は一〇年ほど続けられていたが、アメリカではほとんど話題にもされなかった。あるロシアの議員は、ロシアがアメリカ大統領を選んでいるあいだ、アメリカの情報機関は「ずっと休眠中だった」と語ったが、その表現は間違いではなかった。*15

キセリョフは情報戦争を、最も重要な類いの戦争と呼んだ。その標的にされた民主党全国委員会の女性委員長は、「あきらかに行われているが、別の類いの戦場で行われている戦争」だという言葉を使った。これは言い得て妙だった。戦争論といえばカール・フォン・クラウゼヴィッツだが、彼は戦争を「敵を強制的にこちらの意志に従わせる暴力行為」と定義した。二〇一〇年代のロシアの軍事方針が想定したように、暴力を介さずテクノロジーが敵の意思に直接働きかけられるようになれば、いったいどうなるのか？ 二〇一三年度のロシアの軍事計画書が提案したとおり、「人々が抵抗しうる可能性」をその人々の利益と相反するとしても具体化させられるようになるだろうし、あるいは二〇一四年にイズボルスク・クラブがつまびらかにしたように、アメリカ国内に「破滅的な被害妄想的思考」を生みだすことも可能になるだろう［著者註：ロシアの指導部はウクライナでの革命を次のような見方でとらえていた――ウクライナ人がロシアによる支配を望まないのなら、他の誰かがロシアに対し情報戦争を仕掛けているにちがいなく、その誰かとはアメリカ以外にありえない、と。それゆえ、ウクライナに執着するクレムリンと、そのことにほぼ気づかないホワイトハウスとのあいだで意思疎通がはかれなくなった。アメリカ人が沈黙を守れば守るほど、ロシアはますます敵が密《ひそ》かに動いていると思いこんだ。それだからこそロシアは、ウクライナ軍との戦争を、ＥＵやアメリカとの情報戦争やサイバー戦争というかたちで戦ったのだ……」。こうしたことが、トランプの立候補を簡潔かつ正確に説明してくれる。つくられた人物が勝利したのは、体制に抵抗するつもりで投じられた票のおかげ、そして偽りにほかならない被害妄想を信じた投票者のおかげだった。[*16]

二〇一四年のウクライナ大統領選挙の期間中、ロシアはウクライナの中央選挙管理委員会のサーバーをハッキングした。ウクライナ当局は土壇場でこれを発見できた。だが他の領域では、ウクライナはそれほど幸運ではなかった。サイバー戦争で何より恐ろしいのは、専門家が「サイバー・トゥー・フィジカル」と呼ぶもので、これはキーボードを操作し、コンピュータコードを書き換えて、三次元の世界に影響を及ぼすことだ。ロシアのハッカーたちはウクライナでこれを幾度か企てた。電力網の一部をシャットダウンさせたのも、その一例だ。アメリカでは二〇一六年に、この二つのかたちの攻撃――情報戦争とサイバー戦争――が一緒くたに使われた。大統領選挙に対する攻撃だが、今回は「サイバー・トゥー・フィジカル」の攻撃だ、という具合だった。ロシアのサイバー戦争の狙いは、通常の手順に見せかけてトランプを大統領執務室《オーバルオフィス》に送りこむことだ。トランプ自身にそれをわかっている必要はなかった――いつ接続が切れるか電力網にわかっている必要がないのと同じように。肝心なのは電気が消えることだけなのだから。[*17]

ロシアがウクライナに仕掛けた戦争は、かねてからのＥＵとアメリカを破壊するためのもっと大掛かりな政策の一環だった。ロシアの指導部はこれを隠そうともしなかった。ロシアの正規兵も義勇兵も、自分たちはアメリカを相手に世界規模の戦争を戦っていると信じていた――そして、ある意味それは正しかった。二〇一四年の春、ロシアの特殊部隊がウクライナ南東部に侵入したさいに、一部の兵士はあきらかにアメリカを倒すことを念頭に置いていた。そのうちの一人は報道記者に対し、自分の夢は「T－50がワシントンの上空を飛ぶことだ！」と語ったが、T－50とはロシアのステルス戦闘機のことだ。同じような光景を、ロシア側で戦ったウクライナ市民も頭に浮かべた。その一人は、アメリカの大統領官邸《ホワイトハウス》と連邦議事堂の屋上に赤旗が掲げられるのを夢に見た。二〇一四年の七月、ロシアがウクライナに二度目の大規模な軍事介入を始めると、指揮官のウラジーミル・アンチュフェエフは、ウクライナとアメリカの両者を、「崩壊しつつある」国々と一括りにし、このアメリカという「悪魔的な建造物」はいずれ破壊されるだろうと予想した。二〇一四年八月、アレクサンドル・ボロダイ（とほかにも多くの人々）がソーシャルメディア上で、ロシアがアメリカに介入することについてジョークを交わしたが、そこにはアメリカの大統領にまつわる人種差別的な描写も含まれた。二〇一四年九月にセルゲイ・グラジエフは、ウクライナでの戦争に勝つためには「アメリカのエリート層」を「始末」しなければならないと書いた。二〇一四年一二月にイズボルスク・クラブは、情報戦争として戦われるだろうアメリカを相手にした「新たな冷戦」について、一連の論説を発表した。そこでは「情報《インフォメーション》」を、間違った情報《ミスインフォメーション》で埋め尽くす」ことを見込んでいた。その狙いは「西側社会の屋台骨の一部を破壊すること」にあった。[*18]

ロシアの連邦保安庁（FSB）と軍参謀本部情報総局（GRU）はウクライナでどちらも積極的に動いたが、今度はともにアメリカに対するサイバー戦争にも加わった。「インターネット・リサーチ・エイジェンシー」と呼ばれるロシアによるサイバー戦争の拠点が、ロシアによるウクライナでの戦争に対するヨーロッパとアメリカでの世論を操作した。二〇一五年六月にトランプが出馬を表明すると、インターネット・リサーチ・エイジェンシーは拡張され、アメリカ局が設立された。およそ九〇人が新たに雇用され、サンクトペテルブルクの施設内で働くことになった。さらに、自分たちが誰のために働いているかを知らない、およそ一〇〇人のアメリカの政治活動家たちも採用された。インターネット・リサーチ・エイジェンシーは、トランプを大統領執務室《オーバルオフィス》に送りこむべく、ロシアの情報機関と連携して活動していた。[*19]

二〇一六年にロシアがこの新たな展望に浮きたっていたのは明らかだった。その年の二月、プーチンのサイバー担当顧問であるアンドレイ・クルツキフは、「我々は情報分野において、あと少しでアメリカと互角にわたり合えるところまで来ている」と豪語した。五月にはGRUの捜査官の一人が、自分の組織はウラジーミル・プーチンのためにヒラリー・クリントンに仕返しするだろうと得意げに語った。選挙のひと月前の一〇月に、チャンネル1はアメリカに迫る崩壊について興味深い見解を長々と披露した。ロシアがサイバー戦争を仕掛け、トランプが大統領選に勝利したあとの二〇一七年六月には、プーチンは、ロシアの有志がアメリカにサイバー戦争を仕掛けたことを自分は一度も否定していないとの自説を述べた。これはまさにロシアによるウクライナ侵攻を説明するのにプーチンが用いた言い回しだった。あのときも義勇兵がいたことを一度も否定していないと弁解したのだ。ロシアがサイバー戦争でアメリカを負かしたことを、プーチンはウインクしながら認めていた。[*20]

アメリカは例外であるとする論（「エクセプショナリズム」）こそ、アメリカのとてつもない弱みになることがわかった。ロシアによるウクライナでの地上戦よりも、同じ時期にヨーロッパやアメリカに仕掛けたサイバー戦争の方が容易《たやす》いとわかったのだ。ウクライナは自分の身を守ったが、ヨーロッパやアメリカの著述家たちはロシアのプロパガンダを伝播した。ウクライナ人と違って、アメリカ人はよもやインターネットが自分たちを攻撃するのに使われるなどとは思ってもみなかった。二〇一六年になると、一部のアメリカ人は、自分たちがウクライナの件でロシアのプロパガンダに騙されていたと悟りはじめた。それでも次の攻撃がすでに進行中であることに気づく者も、また自分たちの国が現実を制御しきれなくなるおそれがあると予想する者も、まずいなかったのだ。[*21]

サイバー戦争における「攻撃対象領域《アタックサーフィス》」とは、コンピュータプログラムのなかでハッカーがアクセスできるポイントの集合体のことだ。サイバー戦争の標的がコンピュータプログラムではなく社会ならば、攻撃対象領域はもっと広いものになる――それは攻撃者が敵の頭のなかと接触できるようなソフトウェアだ。二〇一五年から一六年にかけてのロシアにとって、アメリカの攻撃対象領域は、フェイスブック、インスタグラム、ツイッター、グーグルを、それもそれらのすべてを網羅していた。[*22]

アメリカの有権者のほとんどは、まず間違いなくロシアのプロパガンダに晒されていたはずだ。

フェイスブック社は二〇一六年一一月の大統領選挙の直前に、五八〇万ものフェイクアカウントを閉鎖したと言われる。これらのアカウントは政治的なメッセージを喧伝するために使われていた。二〇一六年には、フェイスブック上のおよそ一〇〇万ものサイトが、何千万もの「いいね！」を人工的に生みだすツールを使って、しばしば作り話である特定の記事をオンライン・ニュースに流し、それとは知らぬアメリカ人に届けていた。ロシアによるとりわけ露骨な介入の一例は、ロシアのインターネット・リサーチ・エイジェンシーがフェイスブック上につくった、アメリカの政治団体や政治運動を騙《かた》る四七〇ものサイトだった。そのうちの六つのサイトでは、フェイスブックにコンテンツが挙がるたびに三億四〇〇〇万回もシェアされ、すべてを合わせると数十億回シェアされていた。さらにこのロシアの作戦には、少なくとも一二九ものイベントページが含まれ、それらに少なくとも三三万六三〇〇人がアクセスしていた。選挙の直前にロシアはフェイスブック上に三〇〇〇もの広告を流し、それらをインターネットミームとしてインスタグラムの少なくとも一八〇のアカウントを通じて拡散した。そのさいにロシアは、この広告費を誰が出したかについていかなる断りも入れる必要がなかったので、外国のプロパガンダをいかにもアメリカ国内の議論であるかのようにアメリカ人に印象づけることができた。アメリカ人がロシアのプロパガンダにどの程度晒されたかを研究者たちが計算しはじめると、フェイスブック社はさらに多くのデータを削除した。これは、フェイスブック社を慌てさせるほどの効き目がロシアの作戦にあったことを匂わしている。同社はあとから、六〇〇〇万ものアカウントがフェイクだったと投資家たちに報告した。[*23]

アメリカ人はロシアのプロパガンダに無作為に晒されていたわけではなく、インターネット上の履歴から明かされる個人の影響の受けやすさ《サセプティビリティ》に応じて晒されていたのだ。人は正しそうに聞こえることを信じるし、信じてくれれば操作もしやすくなる。ヴァリエーションとしては、人はすでに恐れたり憎んだりしているものには、いっそう激しい怒りを募らせやすいことが挙げられる。ムスリムによるテロという題材は、フランスやドイツでロシアがすでに使っていたが、アメリカでもこれが広く使われだした。ミシガンやウィスコンシンなど選挙の鍵を握る州でロシアの広告が標的としたのは、反ムスリムのメッセージを伝えることで投票する気にさせられそうな人々だった。アメリカ全土で、トランプに投票しそうな人たちが、アメリカのムスリムのサイトと称するものが載せたクリントンを支持するメッセージに晒された。ドイツでのリサ・Fの一件のように、トランプを支援するロシアのプロパガンダが難民をレイピストと結びつけた。トランプという御仁も、立候補を表明した時点で、同じことをしていたのだが。[*24]

ロシアの攻撃者たちは、大量に再送《リトランスミッション》が可能なツイッターの特徴を悪用した。平時のよくある話題を扱ったものですら、ツイッターアカウントの一〇パーセント（控えめに見積もってもだが）は、おそらく人間の手によるものではなくボットのものだ。ボットとは、技術的な洗練においては多少の差はあるが、標的とする閲覧者になんらかのメッセージを広めることを目的としたコンピュータプログラムである。ツイッター上での数は人間より少ないが、メッセージを送ることにかけては人間より能率的だ。投票日までの数週間のあいだ、ボットは、アメリカで政治に関してのメッセージのやりとり《カンヴァセーション》のおよそ二〇パーセントを占めていた。開票日の前日に発表された重要な学術的研究は、ボットが「大統領選挙の信頼性を貶める」可能性があることを警告した。この研究では、重要な問題が三つ指摘された。「第一に、悪意ある目的で運営されているおそれのある怪しいアカウントを通じて、影響がほかの場所にも広がりかねないこと、第二に、政治にまつわるカンヴァセーションの二極化がいっそう進みかねないこと、第三に、間違った情報や裏づけのない情報の拡散に拍車がかかりかねないこと」。選挙のあとにツイッター社は二七五二のアカウントを、ロシアが政治的影響を及ぼすためのツールであると特定した。同社が観察し始めると、一日あたりおよそ一〇〇万もの疑わしいアカウントを特定できた。[*25]

ボットは初めのうちは商業目的で使われていた。ツイッターには、他のものよりも安価であるとか簡単そうだとか見える取引を勧めて人間の行動に影響を与える目覚ましい能力がある。ロシアはこれにつけこんだ。ロシアのツイッターアカウントは、現実には不可能な「電子投票」をするようアメリカ人をけしかけて投票を抑制した。ツイッター社は自身のプラットフォームをめぐる議論に加わるのにひどく消極的だが、それでもロシアの行為があまりに大掛かりだったため、ついにこうしたアカウントの存在を認める声明を出さざるをえなくなった。またロシアは別のデジタル的なやり方で投票率を抑えた可能性がある——鍵を握る場所とタイミングを選んで投票できないようにするのだ。たとえばノースカロライナ州は民主党がほんのわずかな得票差で優位に立つ州で、その民主党に投票する人の大半は都市部に住んでいる。ところが投票日の当日、都市部の自動投票機が動かなくなり、そのせいで記録された投票数が下がった。問題の投票機を製造した会社は、ロシア軍の情報機関によってハッキングされていた。さらにロシアは、アメリカの少なくとも二一の州のウェブサイトをスキャンしたが、たぶん脆弱性を探していたか、あるいは影響を与える作戦に使えそうな有権者のデータを探していたのだろう。国土安全保障省（DHS）によれば、「ロシアの情報機関はアメリカの複数の州や地方自治体の選挙管理委員会にアクセスを果たし、その状態を維持していた[*26]」。

ロシアはブレグジットの国民投票で離脱票を増やそうとツイッターのボットを使ったが、今度はそれをアメリカで解き放った。EUに反対した同じボットがヒラリー・クリントンを攻撃した例が、（少なくとも）数百件報告されている。外国からのボットのトラフィックは、大半が彼女に対しての否定的な評判だった。二〇一六年の九月一一日に彼女が体調を崩したさいに、ロシアのボットは#HillaryDown（ヒラリーが倒れた）とハッシュタグをつけてツイッターでトレンドをつくり、話をひどく大げさにした。ほかにもロシアのトロールやボットは、ここぞというときが来るたびに、トランプを直接支援すべく動いていた。ロシアのトロールやボットはツイッター上でドナルド・トランプや共和党全国大会を褒め称えた。クリントン候補と討論せざるをえなくなったトランプ候補は、試練のときを迎えていた。するとロシアのトロールやボットは、トランプが勝ったか、もしくはこの討論がトランプに不利になるよう仕組まれていたとの主張を世間にまき散らした。トランプが勝利した、選挙結果を左右する《スウィングステート》激戦州では、投票日の数日前からボットの活動がいっそう激しくなった。投票日当日になると、ボットは#WarAgainstDemocrats（民主党員との戦争）というハッシュタグを盛んに打ちだした。トランプが勝利したあとは、彼のために活動していたボットのうち少なくとも一六〇〇のボットが、次はフランスでマクロンに反対してルペンを支持するために、さらにドイツでメルケルに反対してAfDを支持するために、場所を移して活動した。このいかにも技術的な分野ですら、アメリカとの戦いはEUとの戦いでもあったのだ。[*27]

二〇一六年にロシアはアメリカでEメールのアカウントにも侵入し、さらにフェイスブックやツイッターのプロキシサーバーを使って、役立ちそうな選《え》りすぐった情報を拡散させた。このハッキングは、まずリンク先のサイトにパスワードを入力するよう求めるEメールが送られてきたときに始まる。次にハッカーたちはその認証情報《クレデンシャル》を使って、その人物のメールアカウントに侵入し、その内容を盗みとる。そしてアメリカの政治体制をよく知る何者かが、この情報のどの部分を、それもいつアメリカの一般大衆に見せたらよいのかを決めるのだ。[*28]

大統領選挙戦の一年間に、アメリカの二大政党は、それぞれ順番に全国大会の場で、党の候補者を選出し披露するシーンを演出する機会を平等に与えられる。ところが二〇一六年にロシアは民主党からこの機会を奪った。三月から四月にかけて、ロシアは民主党全国委員会とクリントン陣営に属する人々のアカウントをハッキングした（さらにヒラリー・クリントン個人のアカウントにまでハッキングを試みた）。七月二二日におよそ二万二〇〇〇件ものEメールが暴露されたが、それは民主党全国大会が開かれる直前のことだった。公開されたEメールは、クリントンの支持者と、彼女と指名を争うバーニー・サンダースの支持者を衝突させるために入念に選ばれたものだった。この暴露によって、両陣営が融合するはずの瞬間に、逆に亀裂が生じることになった。[*29]

当時もそれ以降もアメリカ当局の見立てによれば、このハッキングはロシアによるサイバー戦争の一環だった。とはいえトランプ陣営はこのロシアの奮闘を後押しした。トランプは、ヒラリー・クリントンのメールをもっと見つけて公開するようモスクワにおおっぴらに要求した。トランプの息子のドナルド・トランプ・ジュニアは、ヒラリー・クリントンのメールのダンプをつくるのを容易にするプロキシの「ウィキリークス」と個人的に通じていた。ウィキリークスはトランプ・ジュニアに、あるリークを父親に公開させるよう頼んできた——「やあ、ドナルド、僕たちが教えることを君のお父さんが話題にしてくれると嬉しいのだが。お父さんが僕たちのことに触れるさいには、このリンクについてぜひともツイートしてもらいたい」——なんと、この要請がなされてから一五分後にトランプ・シニアは言われたとおりにした。自身のツイッターの数百万にのぼるフォロワーとともに、トランプはこのロシアのハッキング作戦のすこぶる重要な配信チャンネルになったのだ。さらにトランプは、ロシアのこうした活動を調査から隠蔽してやったり、ロシアが選挙に介入していることを繰り返し否定することで、ロシアの活動の片棒を担いだ。[*30]

リークされたEメールは、トランプにとって困ったときの救いの神になってくれた。一〇月七日にトランプは、有力な地位にある男性は女性を性的に暴行してかまわないとの持論を述べた録音テープが出てきたせいで、いっとき窮地に立たされたかに見えた。ところがテープが公表されて三〇分後、ロシアがクリントンの選挙対策本部長ジョン・ポデスタのEメールを公開したために、トランプの性的略奪の経歴を真剣に論じるのに邪魔が入った。次にロシアのトロールとボットが活動に入り、トランプが性的暴行を擁護したことを瑣末なこととし、新たなリークの方にツイッターユーザーの関心を向けさせた。それからロシアのトロールとボットは、ポデスタのEメールから二つの作り話をこしらえるのに一役買った。一つはピザ店が小児性愛犯罪のアジトになっているという話で、もう一つは悪魔的儀式にまつわる話だ。これらの作り話は、トランプ自身による性的略奪の告白からトランプ支持者の気をそらし、他のことを考えたり話したりさせるのに役立った。[*31]

二〇一五年のポーランドと同じく二〇一六年のアメリカでも、私的なコミュニケーションを選んで公開することが全体主義につながりかねない、などとは誰も考えもしなかった。全体主義は公私の境を消し去ってしまうので、私たち全員がつねに権力からお見通しになるのが当たり前のこととなる。ロシアが公開した情報は、アメリカの民主主義的プロセスにおいて重要な役目を果たしている実際にいる人々にかかわるものであり、それを世間に晒したことは、選挙期間中の彼らの心理状態や政治活動の能力に影響を及ぼした。民主党全国大会を運営する人たちが、ロシアが公開した携帯番号を通じて殺害予告を受けたのは由々しきことだ。民主党の連邦議会選挙活動委員会が個人データを管理できなくなったので、民主党の連邦議員候補者は出馬に際して妨害を受けた。民主党に献金したアメリカ市民も、個人データが公開されると嫌がらせや脅迫を受けた。こうしたことはすべて最大級の政治問題になったが、それというのも影響を受けたのは一方の主要政党だけで、もう片方に被害はなかったからだ。まさに根本のところで、このことは、現代の全体主義とはいかなるものになるかの予兆となった。すなわち、現在行っているどんなことでもあとから暴露され、自分の身に不都合が生じかねないとしたら、恐れずに政治活動をすることが誰にもできなくなってしまう……そうした社会のありようだ。[*32]

言うまでもなく市民もまた、全体主義的な空気を生むのに加担している。電話をかけて脅迫してきた人々は、アメリカの全体主義の前衛部隊《アヴァンギャルド》だ。とはいえこの誘惑はますます広がり、ますます深く根を張った。市民は好奇心の塊だ——なるほど隠されているものほど興味をそそるし、暴露のスリルには開放感がある。そして、それらがいったん当たり前のことになると、話題はすでに公に知られたことから、まだ誰にも知られていない秘密のことへと移っていく。周囲の状況を理解する努力をするよりも、次の暴露を求めて目を皿のようにする。完璧でなく欠点があって当然の公務員についても、自分たちには徹底してその人間について知る権利があるのだと思えてくる。だが公私の区別が崩れると、民主主義には耐えがたい重圧がかかる。こうした状況では、恥知らずでぼろのだしようもない政治家だけが生き残れる。「成功したビジネスマンのドナルド・トランプ」のような作り話の産物は、現実世界になんの責任も感じていないから恥のかきようもない。作り話の産物の暴露への対応の仕方は、自分以外の暴露をどんどん求めることだ。大統領候補だったときのトランプは、まさにそのとおりのことをした。誰のことでもかまわない、どんどん探して暴露するようモスクワをけしかけたのだ。

　市民が他国のハッカーの暴露したものだけを知識として仕入れるなら、敵対的な強国に借りをつくることになる。二〇一六年にアメリカ人はロシアに依存していたが、そのことに気づかなかった。大半のアメリカ人は、ウラジーミル・プーチンの導きに従って、ハッキングされたメールを読んでいた。「これを誰がしたのかは本当に重要だろうか?」とプーチンは問いかける。「情報のなかに隠れているもの——それこそが重要なのだ」。だが人々が暴露のスリルに酔ううちに気を逸らされたやまほどの公開された情報についてはどうなのか。そして、くだんの強国が暴露しないと決めたために暴露されなかった、ほかのいっさいの秘密はどうなのか。あるものを暴露する茶番に気をとられ、別のものが隠れていることを私たちはついうっかり忘れてしまう。ロシア人もその代理人も、共和党やトランプの選挙活動、ついでに言えば自分たちについても、どんな情報も公開しなかった。インターネットを通じてEメールの内容を公開した、表向きは真実を追求したがる誰もが、トランプの選挙運動とロシアとの関係については何一つ発言しなかったのだ。[*33]

これはたいへんな見落としになる。というのも、アメリカの大統領選挙が過去にこれほど他国と親密なつながりをもったことなどなかったからだ。このつながりは、公開された情報からも一目瞭然だった。ロシアのサイバー戦争が一つ成功した点は、とるに足らない秘密にアメリカ人を惹きつけ、重要で明白な事実から彼らの注意をそらしたことだ――それは、アメリカの主権が目に見えるかたちで攻撃された、という事実である。

公開された情報から、トランプの顧問たちとロシア連邦の尋常でない交流が明らかになっていた。二〇一六年三月にトランプ陣営に加わり、六月から八月までこれを指揮したポール・マナフォートに、東ヨーロッパとの長い期間にわたる深いつながりがあるのは周知のことだった。トランプの選挙対策本部長を務めたマナフォートは、自分を億万長者だと豪語する男から給料をいっさいもらっていなかったが、これはかなり異例のことだった。ひょっとしたら、たんに公共心にあふれる人物だったのか。あるいはひょっとしたら、実際の給料は別の方面から入ってくるとわかっていたからかもしれない。[*34]

二〇〇六年から二〇〇九年まで、マナフォートは、ロシアが政治的な影響力を振るえるようアメリカを懐柔するために、ロシアのオリガルヒのオレグ・デリパスカに雇われていた。マナフォートは、「プーチン政権に大いに貢献できる方法」があるとクレムリンに請け合い、報道によればデリパスカから二六〇〇万ドルを受けとった。共同出資のプロジェクトが終わると、マナフォートはデリパスカに一八九〇万ドルばかりの借金をつくっていた。二〇一六年にマナフォートがトランプの選挙対策本部長を務めるあいだ、この借金はマナフォートの悩みの種だったようだ。そこでデリパスカに手紙を書き、トランプの選挙活動に関する「個人的なブリーフィング」を提供しようと申し出た。マナフォートは、「すべて丸く収まれば」と願って、自身の影響力を提供することでデリパスカからの債務の免除を望んだ。興味深いのは、トランプの弁護士を務めるマーク・カソウィッツが、デリパスカもクライアントにしていたことだ。[*35]

ロシアのためにアメリカを弱体化させるべく働いていた経験だけでなく、マナフォートにはロシアが好む候補を大統領にした経験も入っていた。二〇〇五年、デリパスカはマナフォートをウクライナのオリガルヒのリナト・アフメトフに紹介したが、この男はヴィクトル・ヤヌコーヴィチの後援者だった。二〇〇五年から二〇一五年にかけてウクライナで工作活動をしたマナフォートは、一九八〇年代にアメリカで共和党が展開した「南部戦略」と同じ手法を使った――一部の国民に彼らのアイデンティティが危機にあると伝え、選挙という選挙を、文化にまつわる住民投票《レファレンダム》にするのだ。標的となった聴衆は、アメリカでは南部の白人で、ウクライナではロシア語話者だったが、訴えることは同じだった。マナフォートはヴィクトル・ヤヌコーヴィチを二〇一〇年にどうにか当選させたが、その結果起きたのは、革命、そしてロシアによる侵攻だった。[*36]

アメリカの戦略を東ヨーロッパに持ちこんだあと、マナフォートは、今度は東ヨーロッパでの戦略をアメリカに持ちこんだ。トランプの選挙対策本部長に就任すると、ロシア流の政治の作り話を取り入れる指揮をとった。マナフォートの在職中、トランプはテレビの視聴者に向けて、ロシアはウクライナに侵攻しないだろうと語った――ロシアが侵攻してすでに二年も過ぎていたのだが。そしてやはりマナフォートの見守るなか、トランプはロシアに対し、ヒラリー・クリントンのEメールを見つけて公開するよう公然と要求した。マナフォートはヤヌコーヴィチから一二七〇万ドルの帳簿外の現金を受けとっていたとわかり、トランプの選挙対策本部長を辞めざるをえなくなった。最後の最後までマナフォートは、ロシアの本物の政治テクノロジストが使う手口を披露した。事実を否定はせずに、話題を壮大な作り話にすり替えたのだ。現金を受けとったのが発覚した二〇一六年の八月一四日、マナフォートは、ムスリムのテロリストがトルコのNATO軍基地を攻撃したというまったくの作り話を、ロシアが拡散するのに手を貸した。[*37]

マナフォートに代わって選挙対策本部の最高責任者になったのは、右派のイデオローグで映画製作者のスティーヴ・バノンだった。彼がその条件を満たしたのは、白人至上主義者たちをアメリカの言説《ディスクール》の主流に押しあげたからだ。保守系ニュースサイト「ブライトバート・ニュース・ネットワーク」を率いるバノンは、白人至上主義者たちを一躍有名人にした。アメリカで指折りの人種主義者たちは、一人残らずトランプとプーチンを褒めそやした。ロシアによるウクライナ侵攻を擁護するマシュー・ハインバックは、プーチンのことを「世界中の反グローバリズム勢力の指導者」と呼び、ロシアのことを、白人至上主義の「最強の同盟国」で「ナショナリストの枢軸」であると語った。ハインバックはトランプ支持の熱が高じて、二〇一六年三月にケンタッキー州ルイビルで開かれたトランプの集会から抗議者の一人を力ずくで追いだした――裁判では、自分はトランプの指示で動いていたと弁解したが。バノンは、自分は経済的なナショナリストで、よって人民の擁護者なのだと主張した。とはいえ、自身のキャリアや自身のニュースサイトやラジオ局に関していえば、バノンはアメリカ版オリガルヒであるマーサー家に恩があった。バノンは別のアメリカ版オリガルヒのトランプを大統領執務室《オーバルオフィス》に送りこむ選挙戦も取り仕切った――そのさいにバノンに協力した人物コーリー・ルワンドスキーは、さらに別のアメリカ版オリガルヒのコーク家が資金援助した訴訟において、無制限の選挙献金がアメリカで許可されるのに手を貸していた。[*38]

バノンの極右イデオロギーは――ロシア連邦で同じイデオロギーが同じ役割を果たしたように――アメリカの寡頭政治《オリガーキー》に潤滑油を注《さ》した。バノンは、「はるかに洗練の度合いが低く博学でもないウラジスラフ・スルコフ」といったところだ。知的武装が不十分で、簡単に圧倒された。低次元なロシアのやり方をすることで、ロシアの勝利に駄目を押した。ロシアのイデオローグたちが事実の存在を敵のテクノロジーだと一蹴したように、バノンはジャーナリストたちを「野党」と呼んだ。だからといって、トランプの選挙運動に反対する主張にこめられた真実に異を唱えることはなかった。たとえば、ドナルド・トランプが性的略奪者であることは否定しなかった。そのかわり、関連する事実を伝えた報道記者たちを国家の敵に仕立てあげたのだ。[*39]

映画プロデューサーでもあるバノンの映画はどれもスルコフの文学やイリインの哲学と比べると、単純すぎて面白くもないが、発想は同じだった——無垢の国家がつねに攻撃に晒されていると訴える永遠の政治である。彼よりうわてのロシア人たちと同様、バノンもまた忘れられたファシストたちの名誉を回復させた。バノンの場合はユリウス・エヴォラだった。スルコフと同様、バノンも混乱と闇をめざしたが、その言及するところはいささか凡庸なものだった。「闇はいいぞ。ディック・チェイニー、ダースベイダー、サタン。これぞ権力《パワー》だ」。バノンは「プーチンは伝統ある体制のために立ちあがっている」と信じていた。けれどロシアは、表向きは伝統を守っているふりをして、実際はヨーロッパの主権国家群やアメリカの主権を攻撃していた。バノンが指揮をとった大統領選の選挙運動は、ロシアによるアメリカの主権への攻撃にほかならなかった。バノンはあとになってこのことを理解した。二〇一六年六月にトランプ・タワーでトランプ陣営の幹部とロシア人たちが開いた会議のことを知ったとき、バノンはこれを「国家反逆罪」に相当するものであり「非愛国的」な行為だと非難した。それでも結局のところ、バノンは、アメリカの連邦政府（それに「飾り立てていてもしょせんアメリカの保護領《プロテクトレート》」だとプーチンの言うＥＵ）は破壊すべきだとのプーチンの意見に同感だった。[*40]

選挙戦の間中ずっと——公式の責任者がマナフォートであれバノンであれ——トランプが頼りにしたのは義理の息子で不動産開発業者のジャレッド・クシュナーだった。マナフォートには経歴があったし、バノンにはイデオロギーがあったが、この二人と違ってクシュナーは金と野望だけでロシアとつながっていた。クシュナーが何を黙っていたかに注目すれば、こうしたコネクションをたどるのは簡単だ。義父が選挙で勝利したあと、クシュナーは自分の会社「カドレ」が、とあるロシア人から相当な額の投資を受けていたことを黙っていたが、このロシア人の所有するいくつかの会社は、ロシア国家に代わってフェイスブック社に一〇億ドル、ツイッター社に一億九一〇〇万ドルを出資していた。さらに注目すべきことは、ロシアのオリガルヒたちのために数十億ドルを洗浄しクシュナーの義父にいまだ金を貸す気がある唯一の銀行であるドイツ銀行が、大統領選挙のほんの数週間前にクシュナーに二億八五〇〇万ドルを貸し付けていた。*41

義父が大統領に選ばれ、自身もホワイトハウスで幅広い権限を与えられたクシュナーは、機密情報の取扱許可を申請する必要に迫られた。ところが申請にあたってクシュナーは、ロシア政府の当局者とのつながりについてまったく触れなかった。だが実際は、二〇一六年の六月にトランプ・タワーで開かれた会合にマナフォートやドナルド・トランプ・ジュニアとともに出席していたし、この会合でモスクワは、(仲介した者がこう呼んだが)「ロシアとロシア政府によるトランプへの支持」の一端として、トランプ陣営に資料を提供していた。会合でロシア側のスポークスウーマンを務めたナタリア・ベセルニツカヤは、トランプを二〇一三年にモスクワに呼んだアラス・アガラロフの弁護士を務めていた。さらにいえばトランプ・タワーでの会合にはアガラロフの会社の副社長を務めるアイク・カヴェラジェも出席していたが、この男が自分でやっている仕事の一つはアメリカで何千もの公表されていない会社を立ちあげることだった。自身の陣営がロシア人たちと会合を開いていたことを知っていたのが世間に露見すると、トランプ・シニアはトランプ・ジュニアに、議論のテーマは養子縁組制度のことだったと主張する虚偽のプレスリリースを出すよう命令した。[*42]

トランプ・タワーで開かれたロシア人たちとの会合に参加していたほか、クシュナーは選挙活動の最中《さなか》に駐米ロシア大使のセルゲイ・キスリャクと複数回にわたり話し合いをしていた。あるときは、キスリャクを貨物用エレベーターでトランプ・タワーにこっそり連れこんだ――トランプとプーチンの秘密の通信ルートをつくる相談のためだ。[*43]

選挙活動のあいだトランプは、外交政策についてほとんど語らず、「プーチンと仲良くやる」との公約と、ロシアの現大統領に対する賛美の言葉を繰り返すだけだった。トランプは四月二七日に最初の外交演説を行ったが、立候補を表明してほぼ一年が過ぎていた。マナフォートはトランプのスピーチライターに元外交官のリチャード・バートを選んだが、当時バートはロシアのガス会社と契約していた。要するにこういうことだった。ロシア人の有力者に金を借りている男（マナフォート）が、ロシアのために働いていた男（バート）を、ロシアの好む候補者（トランプ）のスピーチを書かせるために雇ったわけだ。バートの会社にはその春、ロシアの商業的利益を促進したことで三六万五〇〇〇ドルが支払われていた。さらにバートは、ロシア最大の民間商業銀行であるアルファ銀行の上級諮問会議のメンバーでもあったが、この会社のコンピュータサーバーはトランプ・タワーのコンピュータとの接続を数千回も試みていた。[*44]

トランプが外交顧問を指名すると、顧問たちはただちにロシア人やロシアとの仲介者とともに、どうすればロシアがクリントンの評判を傷つけてトランプの力になれるかを話し合った。二〇一六年三月に自身がトランプの外交顧問を務めることになると知ったジョージ・パパドプロスは、ロシア政府のエージェントだと名乗る人間たちと連絡をとりはじめた。四月二六日にロシア軍の情報機関が民主党の政治家や活動家のEメールアカウントをハッキングした直後、パパドプロスはロシア側の接触者からヒラリー・クリントンについてのEメールと「醜聞《ダート》」を提供された。それまでトランプの最初の外交方針演説の編集作業をしていたところだったので、演説についてロシア側の接触者と相談してみた。彼らはえらく感心し、パパドプロスを褒めちぎった。そのやりとりからほどなくして、パパドプロスはトランプやほかの顧問たちと顔を合わせた。[*45]

五月のある日の夕にロンドンのバーで酒を飲みながら、パパドプロスはオーストラリアの外交官に、ロシアがクリントンの顔に塗る「醜聞《ダート》」を持っていると話した。オーストラリアはFBIにこれを伝え、FBIはトランプ陣営とロシアとのつながりを調査し始めた。かたやパパドプロスは相変わらずロシア側の接触者たちとの情報交換を続け、その調子でやるようにと彼らからはっぱをかけられた。「私たちは皆とてもワクワクしています」とロシア側の接触者のなかの女性は彼に書き送った。「ミスター・トランプと良い関係が築けそうなことにです」。のちにFBIに逮捕されたパパドプロスは、こうしたロシア側とのやりとりについて、FBIに虚偽の供述をしていたことを認めた。[*46]

やはりトランプの外交顧問を務めるカーター・ペイジは、以前にあるアメリカ企業（世界最大の政治的リスク専門のコンサルティング会社ユーラシアグループ）で短期間働いていたが、この企業の社長で政治学者のイアン・ブレマーは、ペイジがプーチンびいきで、「クレイジーな奴」だったと振り返る。その後ペイジは、トランプ・タワーとつながったビルにショップを構え、ロシアのスパイたちと面会した。二〇一三年には、ロシアのスパイにエネルギー産業に関する書類を提供した。ペイジはロシアのガス会社のために働くロビイストになった。そしてトランプ陣営のなかで働きながら、ロシアのクライアントに、トランプが大統領になれば彼らの利益につながると請け合った。トランプの顧問に指名された時点で、すでにペイジはガスプロムの株の所有者だった。[*47]

二〇一六年七月、ペイジはトランプ陣営を代表してロシアに赴いたが、それはトランプが共和党の大統領候補に指名されることになる共和党全国大会の直前だった。自身の説明によれば、ペイジはプーチン政権の「幹部たち」と話しをし、その一人は「トランプ氏に対する揺るぎない支持を表明した」という。ペイジはアメリカに戻ると、モスクワの要求を満たすよう共和党の綱領を書き換えた。共和党の全国大会において、ペイジとトランプのもう一人の顧問J・D・ゴードンは、綱領のなかの、ロシアによるウクライナ侵攻への対処の必要についての箇所を骨抜きにした。ペイジは共和党全国大会の場でも、そしてそのあとにもまた一度駐米ロシア大使に話しかけた。[*48]

三人目の外交顧問は、退役将軍のマイケル・フリンだった。フリンは国防情報局（DIA）の長官を務め、国家安全保障担当補佐官の就任が検討されていたが、外国政府から非合法で金を受けとったことを申告せず、その間《かん》も、さまざまな陰謀説をことあるごとにツイートしていた。フリンはヒラリー・クリントンが小児性愛を支援しているといった話を拡散した。さらに民主党幹部が悪魔的儀式に参加しているという、ロシアが熱心に広める作り話も受け入れてしまった。自身のツイッターアカウントを通じてこの話を拡散させ、そうすることで、他の数多《あまた》のアメリカ人の陰謀論者と同じく、アメリカを狙ったロシアの「積極工作」の片棒を担ぐことになった。[*49]

フリンの奴はメンタル面は大丈夫なのかという雰囲気のなかで、彼とロシアとの奇妙なコネクションはついつい見過ごされがちになった。とはいえ、フリンはロシア軍の情報機関の本部を見学することを許され、ここを二〇一三年に訪問していた。二〇一四年にケンブリッジで開かれた諜報関係のセミナーに招待されたフリンは、一人のロシア人女性と友だちになり、彼女に宛てたEメールに「ミーシャ将軍」——ロシア語の愛称でミーシャは「マイク」と同じになる——と署名していた。二〇一五年の夏には、ロシアの協力を得て中東じゅうに原子力発電所の建設計画を推進すべく動いたが、そのことを公開するのを怠っていた。フリンはRTのゲストに呼ばれたが、番組ではホストたちの方が一枚うわてに見えた。二〇一五年には、RTの創立一〇周年を祝う行事に、謝礼（三万三七五〇ドル）を貰うゲストとして出席するためモスクワに現れた。祝賀の晩餐会ではウラジーミル・プーチンの隣に座った。ロシアが民主党活動家のEメールをハッキングしていたとアメリカのメディアが報じ始めると、これに対してフリンは、ロシアの責任を追及する背後にはユダヤ人の陰謀があると匂わすメッセージをリツイートした。フォロワーたちはフリンのツイッターフィードに、「もうたくさんだ、ユダヤ人よ、勘弁してくれ」といった彼のコメントを見つけた。フリンはロシアのフェイクアカウントを五つもフォローやリツイートし、少なくとも一六のロシアのインターネットミームをインターネットに積極的に流し、投票日の前日までずっとロシア側の言い分をフォロワーとシェアし続けた。[*50]

二〇一六年一二月二九日、ということはトランプが選挙に勝利して数週間後、ただ大統領就任（翌年一月二〇日）には数週間前のことになるが、フリンはロシア大使と話をした。が、ＦＢＩを含めて周囲には自分が何をしているかについて嘘をついた。そのときのフリンの仕事は、ロシアに新たに科された制裁——アメリカの大統領選挙戦へのロシアの介入への対応策だったが——をモスクワが本気にしないよう念を押すことだった。フリンのもとで補佐官補を務めていたキャスリーン・Ｔ・マクファーランドはこう記している。「厳しいしっぺ返しをくらえば、トランプがロシアとの関係を修復するのは難しくなるでしょう。この国がトランプをアメリカでの大統領選挙に勝たせてくれたばかりだというのに」。トランプの顧問のあいだでは、彼の勝利はほぼ間違いなくプーチンのおかげだとされていたように思われる。フリンがキスリャクに電話をかけたあと、ロシアはこの新たな制裁に対抗して何もしないと明言した。[*51]

バラク・オバマはトランプに対し、フリンを権限のある地位に就かせないよう個人的に警告した。トランプは彼を国家安全保障担当補佐官に指名したが、これはおそらく連邦政府全体で最も注意を要するポジションだった。一月二六日、司法長官代行を務めるサリー・イエーツは省の高官たちに対し、フリンが嘘をついたことでロシアに脅迫されるすきをつくっていると警告した。その四日後、トランプはイエーツの方を解任した。ロシア連邦議会下院で国際問題委員会の長を務めるコンスタンチン・コサチェフは、事実に基づいたフリンについての情報が暴露されたことは、ロシアに対する攻撃だととらえた。フリンは二〇一七年二月に辞任し、のちに、ＦＢＩに対し虚偽の供述をしていたという罪を認めた。[*52]

トランプは、フリンのほかにも他国と驚くほど親密なつながりを持つ人間を自分の内閣に詰めこんだ。トランプをいち早く支持したアラバマ州上院議員のジェフ・セッションズは、二〇一六年に駐米ロシア大使と何度も接触していた。セッションズは司法長官就任にあたっての指名承認公聴会でこの件について議会に嘘をつき、この国最高位の法の執行官になるために虚偽の証言をしてしまう結果となった。[*53]

トランプの商務長官は、ロシアのオリガルヒたち、なんとプーチン一族とも金融取引をしていた。二〇一四年、ウィルバー・ロスはキプロス銀行の副会長かつ有力な投資家になったが、この銀行はロシアのオリガルヒたちにとってのオフショアのタックスヘイブンだった。彼がこの職に就いた当時、制裁を避けるためにロシア人は資産をこうした場所に移していた。ロスと一緒に仕事をしていたウラジーミル・ストラザルコフスキーは、KGB時代のプーチンの同僚だった。この銀行の大口投資家の一人にヴィクトル・ヴェクセリベルクがいたが、この男はプーチンの信頼が厚いロシアの大物オリガルヒだった。ヴェクセリベルクが、二〇〇五年にイヴァン・イリインの遺骸を改葬する資金を出した人物だった。[*54]

商務長官に指名されると、ロスはキプロス銀行の職を辞したが、ロシアの泥棒政治《クレプトクラシー》との個人的なつながりは密《ひそ》かに維持していた。ナビゲーター・ホールディングスという輸送会社の共同所有者でもあったが、この会社はロシアの天然ガスをシブールという名のロシアの会社のために輸送していた。シブールの所有者の一人ゲンナジー・ティムチェンコは、プーチンの柔道仲間で親友だった。もう一人の所有者キリル・シャマロフは、プーチンの義理の息子にあたる。ロスはロシアの寡頭政治《オリガーキー》のまさに中心にいるプーチン一族と接触していた。アメリカ政府の閣僚として、彼はロシアを喜ばせて金を稼げる立場にいた。またアメリカによる制裁には天然ガスの抽出を助ける技術の移転禁止も含まれていたため、制裁を解除することでロスは個人的にも利益を得る立場にいた。[*55]

ウラジーミル・プーチンから友好勲章を授かった国務長官は、それまでアメリカに一人もいなかった。レックス・ティラーソンは、そうした人物だった。在任中にティラーソンはアメリカの外交官の大量追放を監督したが、これはプーチンが敵とみなした外交官たちだった。国務省を大混乱に陥れることで、アメリカの権力とか価値観とかを前面に出す力をひどく弱体化させた。日常業務への影響もさることながら、これはロシアにとって紛れもない勝利だった。[*56]

アメリカの外交を弱体化させることは、トランプの外交政策のおおまかな方向性と一致していた。それは交渉を無視し、個人的なへつらいを要求するというものだ。よってトランプはいいかもになった。二〇一六年の八月、大統領選挙の三ヶ月も前に、早くもＣＩＡの元長官代理はトランプについてこう確信したものだ。「ミスター・プーチンはミスター・トランプを本人の知らないうちにロシアの工作員に採用した」。就任から一年後、疑わしいのは「本人の知らないうちに」という点だけになった。そのころになるとトランプは、アメリカ屈指の諜報スペシャリストたちに、彼はロシアのスパイにちがいないと納得させた。その一人はこう語った。「私の判断では、トランプは直接ロシア人のために仕事をしていますね」。三人の諜報スペシャリストたちは揃ってこう結論づけた。「トランプの選挙陣営がロシアからの支援の申し出を受け、ロシアからの援助を断ろうともしなかったならば（もしくは援助するよう仕向けたならば）、アメリカの国益と相反する国益を持った敵国に借りをつくったことになる。今はまだでも間違いなく時がくれば、プーチンは借りを返せと言ってくるだろう——そして我々の民主主義を守るべきときに、現政権は先頭に立ってこの国を守るどころか敵国の傀儡と化すのですよ」。トランプ政権は、議会がロシアに科した制裁を名ばかりのものにし、法の施行を差し控え、制裁を科される側にいるロシアの情報機関のトップをアメリカに招待した。[57]

　トランプ自身は、自らの選挙活動とロシアとのつながりについてのあらゆる説を「でっちあげ」だとして繰り返し否定した。この言葉は、これを発した人間をさすのにぴったりだった。大統領になると、このでっちあげをなんとか隠し通す必要が生じた。そこでトランプによって、二〇一三年にトランプ・タワーへの強制捜査を命じた連邦検事のプリート・バララはクビ《ファイアード》になった。そして、マイケル・フリンを雇わない方がよいと忠告した司法長官代理のサリー・イエーツもクビ《ファイアード》になった。さらに、ロシアによるアメリカの主権への攻撃について調査したことで、ＦＢＩ長官のジェームズ・コミーもクビ《ファイアード》になった。[58]

　ＦＢＩは、カーター・ペイジがトランプの顧問になる前から、彼がロシアによるスパイ行為の標的になっていると見て捜査していた。またＦＢＩは、ロシアがヒラリー・クリントンに不利になる情報操作をしていると他国の外交官に教えたジョージ・パパドプロスの捜査も始めていた。とはいえＦＢＩがロシアの介入を、それほど高い優先順位で扱っていたとは言えない。アメリカの情報機関は、すでに二〇一五年の終わりごろには、トランプ陣営のメンバーがロシアの情報機関と接触していると同盟国から警告されていたにもかかわらず、すぐには動かなかった。二〇一六年の春にロシアが民主党の全国委員会をハッキングしたあとですら、ＦＢＩはこの情報を緊急のものとかタイムリーなものとして伝達しなかった。一一月の大統領選挙の八日前に、コミーは、クリントンが彼女個人のＥメールアカウントを公務に使った件を、彼女の立候補に傷がつくにちがいないかたちで持ちだした――こうしたＥメールのコピーが発見されたのは、彼女の側近の夫が一〇代の少女との不適切な性的接触について捜査されていたときだ。コミーは選挙の二日前になって、これらのＥメールは重要でないと結論したが、そのときにはクリントンはすでにダメージを受けていた。この一件はどうやらトランプを助けたようだった。*59

　とはいえＦＢＩは、トランプの選挙活動とロシアの情報機関とのつながりについて捜査を続けていた。二〇一七年一月、トランプはコミーに対し、個人的にだが「忠誠」を求めた。二月には、フリンを調査しないようコミーにはっきりと要請した。「このことを忘れるよう努めてもらいたい。フリンのことは忘れるように」。その保証が得られなかったため、二〇一七年五月九日に、コミーはトランプによってクビになった《ファイアード》。これでは自らの立候補自体がでっちあげに基づいていたと白状したのも同然だった。メディアに対してトランプは、コミーを解任したのはロシアについての捜査を終わらせるためだったと話した。コミーを解任した翌日、トランプは大統領執務室《オーバルオフィス》を訪問した二人組にも同じことを語った。「ロシアのことでずいぶん困った目に遭った。だがもう解放されましたよ」。この訪問者とは駐米ロシア大使とロシア外相だった。彼らはホワイトハウスにデジタル機器を持ちこみ、それを使って会議の写真を撮影し外に出した。アメリカの元情報将校たちからすれば、これは異例のことだった。だがもっと異例なのは、トランプがその場を使ってロシア側に、ＩＳＩＳに潜入中のイスラエルの二重スパイ一名を巻き添えにする最高機密の情報を教えたことだ。[*60]

コミーが解任されたあと、モスクワは慌ててトランプの支援にまわった。チャンネル１は、「ジェームズ・コミーはバラク・オバマの傀儡だった」と吹聴した。プーチンは、この現アメリカ大統領が「自身の能力、憲法、法の枠組みのなかで行動した」ことを世界に保証した。これには誰もが同意したとは限らなかった。コミーが解任されたのち、捜査を続けるべくロバート・モラーが特別検察官に任命された。二〇一七年六月、トランプは、モラーもクビ《ファイアード》だと命令を出した。ところがホワイトハウス・カウンセル（大統領法律顧問）であった、トランプ自身の選挙活動時の弁護士のドン・マクガーンがその命令を執行することを拒否し、かわりに自らが辞任すると反発した。そこでトランプは捜査妨害などしていないと嘘をつき、アメリカの法と秩序を混乱させ弱体化させるための新たな手立てを探すことにした。[*61]

ロシアは「成功したビジネスマンのドナルド・トランプ」（Donald Trump, successful businessman）の作り話をでっちあげ、これを後押しし、この作り話をサイバー兵器の弾頭としてアメリカに送りこんだ。そうしたロシアの努力が成功した理由は、アメリカという国家そのものが、アメリカ人が認めたくないほどロシア連邦に実際に似ているからだ。ロシアの指導者たちは、「必然性の政治」から「永遠の政治」にすでに切り替えていたので、アメリカ社会に現れつつある傾向に対応する本能も技術も持っていたことは、その後判明したとおりだ。モスクワは自国の理想を打ちだそうなどとは思ってもいなかったので、当然のこと結果は、アメリカの最悪のものを引き出してやろうと大きな嘘をつくだけに終わった。[*62]

アメリカのメディアはいくつかの重要な点でロシアのメディアに似てきており、そのためアメリカ人はロシアの戦術に対して無防備になっていた。ロシアの経験は、ニュースが拠り所を失ってしまうと政治に何が起きるかを教えてくれる。ロシアにはローカルなジャーナリズムが欠如している。ロシアのメディアは、ロシア国民の体験にかかわるものをほとんど扱わない。ロシアのテレビは、そのことで生まれる不信感を、国境の向こうの他者に向ける。ローカルなジャーナリズムの力が弱い点で、アメリカはロシアに似てきている。アメリカはかつて地方紙の目覚しいネットワークを誇っていた。ところが二〇〇八年の金融危機のあと、すでに体力の弱っていたアメリカの地方紙や地方雑誌は潰れるままに放置された。二〇〇九年には、この国で連日およそ七〇人が新聞や雑誌の仕事を失った。全国津々浦々のアメリカ人にとって、これは日々の暮らしにまつわる報道の終焉と、何か別なものの台頭を意味した――台頭したのは「ザ・メディア」である。その土地ごとに記者がいる場合、ジャーナリズムは、人々がその目で見て関心をもつ出来事を取り上げる。ところが地元の記者が姿を消すと、ニュースは抽象的なものになる。身近な話題を報じるのではなく、一種のエンターテインメントになるのだ。[*63]

ニュースを国全体のエンターテインメントにするのはロシアではなくアメリカの発明だったし、

それによってニュースの方もエンターテナーにつけいるすきを与えた。二〇一五年の後半にトランプがチャンスをつかんだのは、アメリカのテレビネットワークが彼の繰りだす見世物を喜んだからだ。テレビネットワークのCEO（最高経営責任者）は、トランプの大統領選挙戦は「アメリカにとってはあまり良いことでないかもしれないが、CBSにとってはめっぽう良いことだ」と語った。自由に使える放送時間をトランプにふんだんに提供することで、アメリカのネットワークは作られた人物である「成功したビジネスマンのドナルド・トランプ」に、はるかに広範な視聴者を確保してやった。この大統領選挙戦では、トランプも彼を支援するロシア人もそれほど大金はかけなかった。テレビが無料《ただ》で宣伝を引き受けてくれたからだ。MSNBCやCNN、CBS、NBCのツイッターアカウントですら、クリントンについて触れるより二倍の頻度でトランプについて触れていた。[*64]

ロシア人と違ってアメリカ人は、インターネットでニュースを知る傾向が強い。ある調査によれば、アメリカ人の四四パーセントが、たった一つのインターネットプラットフォームから情報を仕入れている。それがフェイスブックだ。インターネットの双方向性は、頭を使っている気分にさせながら、じつは深く考えるのを邪魔している。インターネットは「アテンション・エコノミー」だ。つまり利益追及型のプラットフォームは、ユーザーの関心をできるかぎり細かく分類して広告メッセージに利用できるよう設計されている。こうしたプラットフォームにニュースをあげるには、ごく短時間注目するのに適していて、なおかつもっと見たいという欲求を掻きたてるように裁断しておかねばならない。視聴者を惹きつけるニュースは、偏見や怒りの神経回路を摩耗させる傾向にある。仮想敵についての不満を吐きだすことに日々を費やせば、現在は果てしなく続く永遠になる。こうした世相においては、作りものの候補者はすこぶる優位な立場に立てたのだ。[*65]

インターネットのプラットフォームはアメリカのニュースのおもな供給源になったが、国内でそれに見合った規制はなされていなかった。フェイスブックの「ニュースフィード」と「トレンド」という二つの機能は無数の作り話を拡散した。フェイスブックとツイッター両社の責任者たちは、アメリカの必然性の政治のおかげで呑気に構えていた――自由市場は真実へと導いてくれるのだから、何も手を打つ必要などないだろうというわけだった。こうした態度のせいで、この国のインターネットの無数のユーザーに、ある困ったことが起きた。地元の新聞、雑誌を手にとらず（あるいは無料に見えるニュースの方を好んで）、インターネットをさも新聞であるかのように読むのだ。こうしてアメリカのインターネットは、ロシアの情報機関が狙いやすい攻撃対象になった。彼らは一八ヶ月にわたって誰にも邪魔されずに、アメリカ人の意識領域《サイコスフィア》で好きなことができた。ロシアがしたことの大半は、自らが見つけたものを利用することだ。フォックス・ニュースのひどく党派的な報道や、ブライトバート・ニュースの糾弾は、ロシアのボットがこれを再送《リトランスミッション》したおかげで視聴者を獲得できた。さらにロシアは、ネクスト・ニュース・ネットワークのような過激な右派サイトが悪名と影響力とを獲得するのにも手を貸した。このサイトに挙がったいくつかの動画は、二〇一六年の一〇月に約五六〇〇万回も視聴された。[*66]「ピザゲート」や「スピリット・クッキング」といった作り話から、ロシアの介入とアメリカの陰謀論がいかに連携して働いたかが見てとれる。どちらの作り話も、クリントンの選挙対策本部長ジョン・ポデスタのEメールをロシアがハッキングしたことが発端だった。アメリカ人のなかには、私的なことは謎めいているにちがいないと信じたがる輩がいて、彼らがロシアに焚きつけられたのだ。ポデスタはピザレストランのオーナーと連絡をとりあっていた――それ自体は暴露でもなんでもない。ところがトロールやボットが――その一部はロシアのものだが――この店のメニューは性的搾取の目的で児童を注文する暗号であり、店の地下でクリントンが小児性愛を見せる舞台を経営しているとの作り話を拡散しはじめた。アメリカの主要な陰謀サイトである「インフォウォーズ」もこの話を拡散した。結局この作り話は、あるアメリカ人が、本物のレストランで、本物の銃を発砲するという結末を迎えた。自身もツイッターでピザゲートの嘘を拡散していた右派で人気のインターネット活動家ジャック・ポソビエックは、銃を発砲したアメリカ人は事実を貶めるために雇われた俳優だと主張した。ポデスタはまた、自分をディナーパーティに招待した人物と連絡をとっていたが、そのパーティに出席してはいなかった。パーティの女主人は画家で、かつてある絵に『スピリット・クッキング』というタイトルをつけていた。ロシアのトロールとボットは、このディナーパーティとは人の体液を採取したりする悪魔的儀式だったとの話を拡散した。この話はその後、フォックス・ニュースのショーン・ハニティや「ドラッジ・レポート」を運営するマット・ドラッジなどのアメリカの陰謀論者たちによってさらに拡散された。*67

ロシアのプラットフォームは、膨大な視聴者のいるアメリカの陰謀論サイトにコンテンツを提供した。たとえば、ロシアがハッキングして盗み見たあるEメールで、ヒラリー・クリントンが

「決断疲れ」について一言二言書いていた。これは、一日が過ぎてゆくにつれて決断を下すのが難しくなることを意味する言葉だ。「決断疲れ」とは、心理学者が職場について観察した状態で、それ自体は病気ではない。ところがロシアが盗み見たこのEメールがウィキリークスで公開され、ロシアのプロパガンダ発信元のスプートニクが、これをクリントンが消耗性疾患にかかっている証拠だと喧伝した。この話は、そちらの誤った内容で、インフォウォーズにも取り上げられた。[*68]

ロシアはアメリカ人の騙されやすさにつけこんだ。「ハート・オブ・テキサス」と呼ばれる（実在しない）団体のフェイスブックのページに目をとめた誰もが、これを書いたのが英語のネイティブスピーカーではないと気づくべきだった。この団体の大義である「テキサスの分離」は、自国以外のすべての国において分離を奨励するロシアの方針――アメリカから南部を、同じくアメリカからカリフォルニアを、イギリスからスコットランドを、スペインからカタロニアを、ウクライナからクリミアを、同じくウクライナからドンバスを、EUからあらゆる加盟国を、などなど――を見事に表していた。ハート・オブ・テキサスの党派的態度はひどく下卑たものだった。他のロシアのサイトと同じく、民主党の大統領候補を「キラリー（Killary）」と呼んだ。こうしたことといっさいにもかかわらず、二〇一六年にハート・オブ・テキサスのフェイスブックのページは、テキサス州の共和党やテキサス州の民主党、それどころかその両方を足したよりも多くのフォロワーを獲得した。ハート・オブ・テキサスに「いいね！」を押し、フォローし、支持した誰もが、アメリカを破滅させようとするロシアがこの国の政治に介入するのに加担していた。アメリカ人がこのサイトに「いいね！」を押したのは、このサイトが彼らの抱える偏見を肯定し、彼らの背中を少しばかり押してくれたからだ。逸脱のスリルと正当性があるという意識の、どちらをも与えてくれたのだ。[*69]

アメリカ人は、自分たちが耳にしたいことを語ってくれるロシア人やロボットを信頼した。ロシアがツイッター上にテネシー州の共和党のものとされる偽サイトを立ちあげると、そのきわどい投稿やふんだんな作り話にアメリカ人は食いついた。このサイトは「スピリット・クッキング」の空想話はもとより、たとえばオバマがアフリカで生まれたなどといった嘘を拡散した。ロシア版のテネシー州共和党のサイトは、本物のテネシー州共和党のサイトよりも一〇倍のフォロワーを獲得した。その一人であるマイケル・フリンは、投票日の前の数日間そのコンテンツをリツイートした。言い換えれば、トランプが国家安全保障担当補佐官の候補に挙げた人物は、アメリカでロシアによる情報操作の仲介人の役目を果たしていたのだ。トランプのスポークスウーマンのケリーアン・コンウェイもまた、同じ情報源から発信されたロシアの偽コンテンツをリツイートした。こうして彼女はアメリカ大統領選挙へのロシアの介入を手助けしていた――彼女の属する陣営はよもやそんなことはないと否定したが（コンウェイはさらに白人至上主義者たちに「私も好きよ（love you back）」とツイートした）。ジャック・ポソビエックも同じロシアのフェイクサイトをフォローし、これをリツイートした。さらにアメリカの政治にロシアはいっさい介入していないと主張する自身の動画を撮影した。その一ヶ月後、このロシアのサイトがついに削除されると、ポソビエックは困惑を口にした。なるほど、彼はロシアの介入を目撃はしなかったが、それは彼がロシアの介入そのものだったからだ。[*70]

一九七六年にスティーブン・キングが発表した「キャンパスの悪夢（原題“I Know What You Need”）」という短編小説は、若い女性の交際についての話だ。彼女に言いよってきた青年は、彼女の心が読めるのだが、そのことを黙っていた。ただ、彼女がそのとき欲しいと思うものを持って現れるのだ。始まりは勉強の息抜きのストロベリー・アイスクリーム。それから徐々に青年は彼女の生活を変化させ、そのとき欲しいと思うものを与えることで彼女を自分に依存させ、振り返って考えるすきを与えない。彼女の親友は何かがおかしいと気づき、調べた結果、真実を知る。「それって愛じゃないわ」と親友は警告する。「レイプだわ」。インターネットはややこれと似ている。私たちについて多くのことを知っているが、そうと明かすことなく私たちと交流する。私たちのなかのきわめて厄介な同族意識を呼び覚まし、それを目に見えない他者の手に委ねることで、私たちから自由を奪うのだ。

ロシアもインターネットもどちらも消えてなくなることはない。市民がロシアの政策についてもっとよく知れば、そしてインターネット上で「ニュース」や「ジャーナリズム」「報道」の概念を保護することができれば、民主主義の大義を守る一助となるだろう。ただし、結局のところ自由とは、「真実」と「自分たちが耳にしたいこと」を区別できる市民にかかっている。権威主義《オーソリタリアニズム》が現れるのは、人々がそれを望んでいると口にするからではなく、人々が事実と願望とを区別できなくなるからだ。

投票に意味があると人々が信じられなくなったとき、民主主義は死ぬ。問うべきは、選挙が開かれるかどうかではなく、選挙が自由で公正なものであるかどうかだ。選挙が自由で公正なものならば、民主主義によって時間の感覚が生まれ、未来を思い描いて現在は平穏なものになる。民主主義的な選挙を行う意味とは、それが次の選挙がまたあることを約束するものだからだ。意味ある選挙がもう一度開かれると期待できれば、次こそ自分たちの過ちを正すことができるとわかるし、さしあたってその過ちを自分たちの選んだ人物のせいにできる。こうして民主主義は、ときに過ちを犯す人間の本質を予測可能な政治に転化させ、時間を、未来に向かって進むこととして経験させてくれる──その未来には自分たちもなんらかの影響を与えうるのだ。けれど選挙とは支持を確認するために繰り返される儀式にすぎないと私たちが思うようになれば、民主主義はその意味を失う。

ロシアの外交政策の本質とは、「戦略的相対主義」だ──ロシアはこれ以上強くなれないから、他国を弱くするしかない。他国を弱くする最も簡単な方法は、他国をもっとロシアに似たものにすることだ。自国の問題に取り組むかわりに、ロシアはそれらの問題を輸出する。その根本にある問題の一つは、継承の原理が欠如していることにある。ロシアがヨーロッパやアメリカの民主主義に反対するのは、民主主義が自国ロシアでも継承の原理として機能することを国民にわからせないようにするためだ。ロシア人は、自国の体制を疑うのと同じくらい他国の体制を疑うように仕向けられる。ロシアにおける継承の危機が輸出できるなら──アメリカを権威主義体制にできるなら──そうなればロシア自身の問題も、解決はできずとも、せめても当たり前のものに見えてくることだろう。プーチンへの圧力も和らぐはずだ。もしもアメリカが、アメリカ国民がときに思い描くような民主主義の輝かしい星であるのなら、その組織や制度がロシアのサイバー戦争に対してあれほど脆弱にはならなかったはずだろう。モスクワから見れば、アメリカの立憲体制には、利用できそうな脆弱性が生じていた。アメリカの民主主義や法の支配にあきらかに欠陥があるからこそ、アメリカの大統領選挙にあれほど楽々と介入できたのだ。

法の支配に必要なのは、政府が暴力を管理していること、そして政府にそれが可能なのを国民が信じられることだ。アメリカ社会に銃が存在することは、一部のアメリカ人にとっては強みに見えても、モスクワからはこの国の弱みに見えた。二〇一六年にロシアはアメリカ人に銃を買って使用するよう直接にけしかけ、トランプ陣営の操るレトリックを後押しした。トランプは支持者に向かって、ヒラリー・クリントンが当選したら彼女に対し憲法修正第二条の権利（人民の武装権）を行使するよう呼びかけた。これは彼女を撃ち殺すべきだとの、間接的ではあるがわかりやすい提案だった。ロシアのサイバー攻撃はアメリカ人の銃を持つ権利にご執心だったし、憲法修正第二条を賛美し、アメリカ人にテロを警戒して自己防衛のために火器を購入すべきだ、と訴えかけた。[*71]

一方でロシア当局は、現実の世界においてもアメリカの銃のロビー団体に協力していた。「銃を保持する権利」（ライト・トゥー・ベア・アームズ）と呼ばれるロシアの団体が、かの全米ライフル協会（ＮＲＡ）と親交を結んでいた。このロシアの団体の目的は、アメリカ国内での出来事に影響を及ぼすことだった。なにせ、この団体のメンバーは百も承知していたが、現政権のもとでロシア人は銃を持つ権利を有することは決してないだろう。ロシアの「ライト・トゥー・ベア・アームズ」の二人の主要メンバー、マリア・ブティナとアレクサンドル・トルシンは、アメリカのＮＲＡの会員でもあった。ブティナはワシントンＤＣのアメリカン大学の院生で、ＮＲＡの幹部とも関係の深いアメリカ人と共同で会社を設立していた。トルシンはロシア中央銀行の幹部で、資金洗浄の容疑によりスペインで指名手配されていた。二〇一五年の一二月、ＮＲＡの代表団がモスクワを訪問し、彼自身がアメリカによる制裁を科されていた急進的なナショナリストで副首相のドミトリー・ロゴージンと面会した。[*72]

二〇一六年二月、ブティナが「トランプ（ＮＲＡの会員）は本気でロシアに協力したがっている」とアメリカからトルシンに報告した。トルシンはその年の五月にケンタッキー州でドナルド・トランプ・ジュニアと面会した。同月にＮＲＡはトランプを支持し、その選挙運動に最終的にほぼ三〇〇〇万ドルを寄付した。その間《かん》、ロシアに対するトランプ陣営の公式の態度はじつに興味深い変貌を遂げた。二〇一五年のあいだずっとＮＲＡは、ロシアに対するアメリカの方針はあまりに弱腰だと不満を訴えていた。ところがロシアとかかわりはじめると、正反対のことを言いだした。ロシアがＮＲＡを支持するのは、ハンガリーやスロバキア、チェコ共和国で右派の準軍事組織を支援するのとよく似ていた。トランプが大統領に就任した後、ＮＲＡの物の言い方はすこぶる攻撃的になり、動画で、『ニューヨーク・タイムズ』紙に向かって「今からそっちに行くぞ」と宣言した。ＮＲＡがトランプを支持して資金を提供していたこと、かつこれが銃ロビー団体であること、さらにトランプが新聞雑誌を「敵」と呼んだことを考えれば、これは脅し以外の何ものでもない。民主主義とは、自由に意見を交換できることに拠って立つものだが、この場合の「自由」とは「暴力によって脅されることがない」ことを意味する。法の支配が崩れることの重要な兆しは、準軍事組織が台頭し、それが政府の権力と合体することなのである。[*73]

二〇一六年、アメリカの民主主義において最も明白な弱点とは、投票行動と選挙結果が異なっていたことだ。ほとんどの民主主義国家では、ライバル候補よりも一〇〇万票単位で多い票を獲得した候補者が負けるなど考えられない。とはいえ、この手のことはアメリカの大統領選挙で過去にたびたび起きている。これは「選挙人団」と呼ばれる、間接的な、厳密さを欠く選挙制度のせいだ。アメリカの選挙人団の制度では、個人の票の数ではなく、州の選挙人の票を集計することで勝利が決まる。各州には、たんに人口によってではなく選挙で選ばれた連邦議員の数によって選挙人投票数が割り当てられる。すべての州には上院議員が二名いることから、人口の少ない州には不釣り合いな数の選挙人投票数が与えられることになる――つまり小規模州における一人ひとりの票は、大規模州における一人ひとりの票よりもはるかに物を言うのだ。その一方で、準州に暮らす数百万人のアメリカ人には(州とは違って)選挙権が与えられていない。プエルトリコはアメリカの五〇州のうち二一の州よりも多くの住民を擁しているが、ここのアメリカ市民は大統領選挙にいっさい影響力を持たない。

人口の少ない州は、上院においても不釣り合いに大きな代表権を持つ。最大規模の州の人口は最小規模の州のおよそ八〇倍だが、どちらの州にも二人の上院議員がいる。下院議員は選挙区に応じて選出されるが、選挙区はどちらかの党に有利になるよう改変されることも多い。戦間期のユーゴスラビアでは、最大の民族集団に有利になるよう線引きされた選挙区が「水域選挙区」と呼ばれた。この行為はアメリカでは「ゲリマンダリング」と呼ばれている。ゲリマンダリングの結果、オハイオ州またはノースカロライナ州で民主党に投票する者は、下院議員一人を当選させるのに、実際には共和党の投票者のそれぞれ二分の一または三分の一の力しか持たない。

アメリカ人にしてみれば、こうしたことは昔からあるありふれたことで、しょせん「ゲームの規則」のようなものだと思えるかもしれない。だがモスクワは、この仕組みにはつけいるすきがあると見た。少数派の大統領と少数派の政党が政府の行政部門と立法部門を仕切っている場合、多数派を満足させる政策によるのではなく、選挙権のさらなる制限によって勝利が得られる……そんな政治に、少数派の大統領と少数派の政党を誘導することができるからだ。どこか他国の政府が、この体制をさらに少しでも民意を代弁しないものにできれば、さらなる誘導で、体制を権威主義《オーソリタリアニズム》に傾けることも可能になる。ロシアが二〇一六年のアメリカ大統領選挙に介入したのは、ある特定の人物を選出させるためだけではなかった。この体制に圧力をかける意味もあったのだ。ロシアが後押しする候補者が勝つことよりも、長い目で見れば、この体制そのものが民主主義から遠ざかることの方に意味を見いだした可能性が高かった。

ロシアがアメリカの民主主義を標的にしたとき、アメリカの体制はすでに、以前と比較すると民主主義的であると言えなくなっていた。二〇一〇年代の初めにロシアの新体制が強固なものになった時期、アメリカの連邦最高裁判所は、この国を権威主義に傾かせる二つの重要な判断を下した。まず二〇一〇年に最高裁は、「金が物を言う」との裁定を下した——すなわち企業は個人であって、よって選挙運動に献金することは、合衆国憲法修正第一条によって保護される「言論の自由」にあたるというのだ。これは実体のある会社だけでなく、ダミー会社やさまざまなまやかしの市民団体に対して、選挙に影響力を発揮する権利、要は選挙を金で買うという権利を認めたことになる。そのおかげでトランプも、アメリカという寡頭政治《オリガーキー》の国では国民が自分たちのオリガルヒ、すなわちトランプ自身を選んではじめて安心できるのだと触れこむことが可能になった。そして、トランプはそのとおりに触れ込んだのだ。とはいえ、そもそもトランプは自分に金があることを一度も証明できたことのない、ロシアのサイバー戦争の産物だった。それでも寡頭政治《オリガーキー》を持ちだすその主張は、この国の投票者が自分の選択より金の方が重要なのだと思い始めた状況では、なるほどもっともらしく聞こえた。

もう一つはこうだ。二〇一三年に最高裁は、アメリカで人種主義《レイシズム》はすでに問題でなくなったとしてある判決を下したが、それが招いた結果から、その前提がそもそも間違っていたことがわかった。一九六五年の投票権法は、アフリカ系アメリカ人の投票権を制限してきた諸州に対し、州裁判所がその法律の変更を認めるよう命じたものだ。ところが、この法律がもはや必要でなくなったと連邦最高裁が判断したとたん、アメリカ諸州は直ちにアフリカ系アメリカ人（を中心とする人々）の投票権を制限し始めた。南部のあちこちで、投票日の直前に投票所がしばしば、なんの警告もなく姿を消した。また二二の州がアフリカ系アメリカ人とヒスパニックの投票を制限する法律を可決した——これらの法律が、二〇一六年の大統領選挙にかなりの影響を与えたのだ。[*74]

二〇一六年の選挙では、オハイオ州のなかの大都市を有するいくつかの郡で、投票者数が四年前と比べてほぼ一四万四〇〇〇人減少した。二〇一六年にフロリダ州では、アフリカ系アメリカ人の二三パーセントほどが重罪犯であるとの理由で投票を拒否された。フロリダ州の重罪には、ヘリウム風船を飛ばしたり、しっぽの短いロブスターを捕獲したりすることも含まれていたのだ。二〇一六年にウィスコンシン州では、投票者の数が前回の大統領選のときよりおよそ六万人も少なかった。減少したのはほとんどがミルウォーキー市だが、ここにはこの州のアフリカ系アメリカ人の大半が住んでいた。バラク・オバマは二〇一二年にフロリダ、オハイオ、ウィスコンシンの三州で勝利した。トランプはこれら三州のすべてにおいて僅差で勝利し、ウィスコンシン州ではその差はわずか二万三〇〇〇票だった。[*75]

アメリカの人種関係は、ロシアのサイバー戦士たちにとって明確な標的になった。ロシアが開いたサイトには、職務中に殺害された警察官の家族や友人の感情をあおるもの、警察に殺されたアフリカ系アメリカ人の家族や友人の感情につけいるもの、黒人たちが武器を振りかざす様子を載せたもの、白人からの攻撃に備えるよう黒人を促すもの、まやかしの黒人活動家たちが白人至上主義者のスローガンの一つを売り込んでいるもの、偽の黒人ラッパーがクリントン一家を連続殺人鬼呼ばわりするもの、などがあった。ロシアは、墓地をパイプラインが通ることに反対するアメリカ先住民の運動にも飛びついた。この運動についての投稿は、ときにどう見ても先住民のものではなかったが——たとえば先住民の活動家がロシア産のウォッカを勧めるとは考えにくい——これらのサイトはそれでもフォロワーを獲得した。[*76]

バラク・オバマの人種は、ロシアのポップカルチャーにおいて見逃せない意味を持った。二〇一三年にはロシア連邦議会の議員が、バラクとミシェルのオバマ夫妻がバナナを食べたそうに見つめる加工写真をソーシャルメディアでシェアした。二〇一四年のバラク・オバマの誕生日には、モスクワでロシアの学生たちがアメリカ大使館の建物に、オバマがバナナでフェラチオをするレーザーショーを投影した。二〇一五年には、ある食料雑貨チェーン店が、二匹のチンパンジーの両親と、オバマの顔をした一匹のチンパンジーの赤ん坊を描いたまな板を販売した。二〇一六年には、ある洗車チェーン店が「黒いところはぜんぶ洗い流します」と約束したが、怯えたようなオバマの絵からその意味は明らかだった。二〇一六年は中国で申年《さる》にあたるが、ロシア人はオバマの大統領任期最後の年をさしてこの言葉をよく使った。たとえば人気のニュースサイト「ライフニュース」は、「申年《さる》には門前払い」と題した特集記事でアメリカ大統領の写真を載せたが、それが何を意味するかは疑いようもなかった。*77

二〇一六年には、ロシア人には人種のことが頭にあった。ロシアの指導部はその年、人種によってアメリカ政府の行政部門と立法部門とのあいだに途方もない溝ができたことを見てとっていた。その年の二月に九人の連邦最高裁判事のうちの一人が亡くなった。共和党の上院多数党院内総務のミッチ・マコーネルは、バラク・オバマが誰を任命しようと上院はそれを検討しないと明言した。これによって連邦政府における最も重要なしきたりの一つが破られ、この一件がモスクワで話題になった。大統領がその当たり前の権利を行使できないという「異例な状況」にロシアの新聞雑誌が注目したのも当然のことだった。その一年近く前に、上下両院の共和党指導部が、バラク・オバマはアメリカの大統領が通常持つ特権をもはや享受できないと宣言したが、これをクレムリンは見逃さなかった。その瞬間から、ロシアは民主党の政治家や活動家のEメールをハッキングし始めたのだ。[*78]

二〇一六年六月、共和党員の下院議長のポール・ライアンは、仲間の共和党下院議員たちとロシアについて話していた。そのとき共和党の下院多数党院内総務ケヴィン・マッカーシーが、自分はドナルド・トランプがロシアの金を受けとったにちがいないと思うと発言した。それを聞いたライアンは、その疑いは「内輪」の話にとどめておいてほしいと頼んだ——党内に動揺を生じさせることは、この国の主権が侵されることよりも深刻な問題だった。共和党の大統領候補（まだ党の指名は受けていなかったが）が他国の創造物かもしれないことよりも、共和党が党内に猜疑の目を向けていることを、みっともなくも記者会見の場で国民に知らせてしまうことの方が憂慮すべき問題だった。敵は反対党であって外の世界などどうでもいいといったレベルの党派心は、外の世界の敵に容易につけこまれるすきを生む。その翌月、ロシアはハッキングした民主党の政治家や活動家のEメールを公開し始めた。共和党指導部が民主党員の同胞を外国のサイバー攻撃から守る態勢に即座に入ることなどなかろう……そうモスクワが踏んでいたとしたら、その読みは正しかった。[*79]

ロシアがアメリカを攻撃していることに共和党が気づき始めるとどうなったか。共和党員としての激しい党派性からか必死になってそれを否定し、その後は何もせず見ているだけの共犯者になっていった。その年の九月、上院多数党院内総務のマコーネルはロシアのサイバー戦争についてアメリカの情報機関の最上層部から報告を受けたが、その信憑性に対する疑念を表明した。情報機関のトップたちがそのとき何を言ったかはわからないが、後日彼らが出した公式声明とたいして違いはなかっただろう。「我々はロシアの大統領ウラジーミル・プーチンが、アメリカ大統領選挙を標的とする情報操作を命じていたと判断する。ロシアの狙いは、アメリカの民主的な手続きに対する国民の信頼を失わせ、クリントン国務長官の名誉を傷つけ、彼女が当選し大統領になる可能性を損なうことにあった」。マコーネルの態度からは、共和党がロシアのサイバー戦争から自国を守ることは、ヒラリー・クリントンに手を貸すことだとみなしているのがうかがえた。その時点で、ロシアのアメリカ国内での活動はすでに一年を超えていた。ロシアによる攻撃をマコーネルが党利党略の問題として片づけたあと、その活動の規模は拡大した。その直後からロシアの大量のボットによる攻撃が始まったのだ。[*80]

この決定的な時期に、人間の指導者たちとロシアのロボット、どちらの方が共和党への影響力が強かったかはさだかではない。女性を性的に虐待してもかまわないとのトランプの考えを裏づける動かぬ証拠が出てきたとき、マコーネルは彼に謝罪するよう求めた。ところが、ロシアのボットやトロールが、この告発からトランプを擁護すべくただちに動き、話題を変えるべく仕組まれたEメールの暴露にアメリカ人の目を向けさせた。モスクワが攻撃を仕掛けているときに、議会はこの国を守るのに及び腰だった。オバマ政権は独自に動いていたかもしれないが、党派的な分裂が深まるのを危惧していた。「首を締められているみたいな気分だな」と政権幹部の一人が語った。ロシアが勝利を収めたが、つまりはトランプの当選がその勝利の内容だった。のちにトランプは、マコーネルの妻のイレーン・チャオを運輸長官として自らの内閣に迎え入れた。[*81]

たしかにそれまで多くの共和党員が、ロシアをアメリカに対する安全保障上の脅威と捉えてきた。遡って二〇一二年に、共和党の大統領候補ミット・ロムニーは、両党のなかでほぼ一人だけロシアには深刻な問題があると訴えていた。二〇一六年に共和党の指名を争っているときに、東ヨーロッパの政治に通じたオハイオ州知事のジョン・ケーシックは、トランプをすぐさまプーチンと結びつけて考えた。二〇一六年にやはり共和党の指名候補だったフロリダ州上院議員のマルコ・ルビオは、オバマの外交政策の弱腰がロシアの攻撃をあおったのだと主張した。[*82]

なるほどルビオ上院議員の告発はもっともらしく聞こえるが、そこにはもっと深刻な問題が隠れていた。二〇一四年にロシアがウクライナに侵攻したときのオバマの対応は、たしかにひどく慎重なものだったが、二〇一六年にはオバマは、少なくともロシアによるアメリカ大統領選挙への介入はアメリカという国全体にとっての問題だと気づいていた。ケーシックやルビオですら、ロシアの外交政策にはっきりした立場をとっていたというのに、共和党議員の重鎮たちは、ロシアのサイバー攻撃を受ける前から降参していた。黒人の大統領を辱める方が、アメリカの独立を守るよりも重要だったというわけだ。

こんな風にして戦いには敗れるのだ。

自由なき世界《アンフリーダム》に続く道とは、必然性の政治から永遠の政治へと向かう道だ。アメリカ人には永遠の政治を許す隙《すき》があったが、それは彼ら自身の経験がすでに必然性の政治を弱体化させていたからだ。「アメリカをふたたび偉大な国にする」(Make America Great Again) とのトランプのスローガンは、(彼もそう信じていた一人だったが) アメリカンドリームはすでに死んだと信じる人々の胸に響いた。ロシアは永遠の政治に一番乗りしたので、アメリカの背中を押して同じ道に進ませる術《すべ》を知っていた。[*83]

永遠の政治が、無法国家を支配する腐敗した富裕層を惹きつけるのは容易に理解できる。彼らは国民に社会的向上を差しだせないので、かわりに政治に何か別のかたちの提案をしなければならない。そこで永遠の政治を唱える政治家は、改革について論じるかわりに脅威に目をつける。可能性や希望のある未来を見せるかわりに、敵がはっきりと定義され、危機が人為的につくられた「永遠の現在」を差しだすのだ。これがうまくいくためには、国民もまた、永遠の政治を唱える政治家たちに部分的にせよ歩み寄る必要がある。生活面での立場を変えられないことでやる気をなくした国民は、政治の意味とは組織や制度の改革ではなく、日々どう感じるかに過ぎないことを受け入れなければならない。自身や友人や家族にとってのより良い未来のことを考えるのはやめて、誇らしい過去を絶えず懐かしむ方を選ばなければならない。社会の頂点にいる者にも、社会のどの階層にいる人間にも、物質的な不平等は永遠の政治に転じかねない経験や感情を生じさせる。二〇一七年にロシアのテレビでイリインがロシア革命に反対した英雄だったと称えられたとき、ロシア国民に対する社会的向上の約束は「悪魔的な欺瞞」である、というメッセージもついでに届けられたのだ。[*84]

二〇一六年にクレディ・スイスは、ロシアを富の分配にかけては世界で最も不平等な国だと評価した。ソ連が崩壊して以降、年間所得者の上位一〇パーセントになんとか潜り込めたロシア人だけが、かなりの利益を得ていた。ロシアの寡頭政治《オリガーキー》は一九九〇年代に現れたが、二〇〇〇年代に入ってから、プーチン政権下でたった一つのオリガルヒ一族が国を収奪的に支配するにつれて確固たるものとなった。クレディ・スイスによれば、二〇一六年にロシアの人口の上位一〇分の一が、全家庭資産の八九パーセントを保有していた。この報告書によれば、アメリカもこれに比肩する七六パーセントという数字を示し、しかもこの数字は上昇を続けている。億万長者は、典型的には、国富の一から二パーセントを手中にするが、ロシアでは、ざっと一〇〇人の億万長者が国富のおよそ三分の一を保有していた。ロシアの上下逆さまになった奇怪な形の富のピラミッドでは、ウラジーミル・プーチンとその個人的な友人たちが頂点にいる。ほとんどの場合、彼らはなんの努力もせず、もっぱらロシアの天然ガスと石油を売って富を得た。プーチンの友人のチェロ奏者は億万長者になったが、その理由は彼のなかに何一つ見当たらない。こうした男たちが永遠の政治に惹きつけられるのは至極もっともなことだ。それだけの富を失うリスクを冒すよりも、国に手枷足枷をはめ、世界を混乱させる方がはるかにましだからだ。[*85]

この億万長者のチェロ奏者の件は、寡頭政治《オリガーキー》の他の多くの例と同様に、調査報道記者の働きによって明るみに出た。二〇一〇年代に調査報道記者のなかでもベストの者たちのいく人かが、パナマ文書やパラダイス文書のような暴露プロジェクトで、規制のない国際的な資本主義がいかに国家の富の抜け穴を生んでいるかを明らかにした。暴君《タイラント》たちは、まず自分たちの金を隠して洗浄し、それからその金を使って自国で権威主義を強化する……あるいはその権威主義を外国に輸出する。金は見えない場所に引き寄せられ、二〇一〇年代ではそれは多種多様なオフショアのタックスヘイブンだった。これは世界規模の問題だった――どれほどの金が国税局の手の届かないオフショアに貯めこまれているかを見積もると、七兆ドルから二一兆ドルのあいだとなった。金を盗んでそれから洗浄したいロシア人にとって、アメリカはとりわけ寛大な場所だった。二〇〇〇年代から二〇一〇年代に国家の建設に当てられていたはずのロシアの国富の多くが、オフショアのタックスヘイブンにあるペーパーカンパニーにたどりついた。それらペーパーカンパニーの多くがアメリカにあったのだ。[*86]

二〇一六年六月に、ジャレッド・クシュナー、ドナルド・トランプ・ジュニア、そしてポール・マナフォートは、クリントンの選挙活動を妨害するロシアの申し出について検討するため、トランプ・タワーでロシア人たちと顔を合わせた。仲介者の一人、アイク・カヴェラジェは、ロシアの不動産開発業者アラス・アガラロフの下で働いていたが、アガラロフは二〇一三年にトランプのためにミス・ユニバースのコンテストを仕切った男だった。カヴェラジェはデラウェア州で匿名の会社を（少なくとも二〇〇〇社）立ちあげた。これは合法的なことだった。というのもデラウェア州は、ネヴァダ州やワイオミング州と同じく、幽霊会社の設立を認めていたからだ。デラウェア州では、二八万五〇〇〇もの異なる会社が一つの実在する住所に登録されていた。[*87]

ロシア人は、ペーパーカンパニーを使ってアメリカの不動産をしばしば匿名で購入した。一九九〇年代にトランプ・タワーは、ニューヨーク市において匿名で部屋を購入できるたった二つのビルのうちの一つで、この機会をロシアのマフィアはすぐさま利用した。どこであっても匿名で不動産が購入できるとあれば、ロシア人は——ペーパーカンパニーをしばしば隠れ蓑にしてだが——汚れたルーブルをきれいなドルに変える手段として部屋を売り買いした。こうした行為がプーチンの時代にロシアの社会を貧しくさせ、ロシアの寡頭政治《オリガーキー》を確たるものとした——そしてドナルド・トランプは「とびきり成功したビジネスマン」（VERY successful businessman）と名乗ることができたのだ。ほかならぬこのやり方で、アメリカの「必然性の政治」（規制のない資本主義だけが民主主義をもたらすという考え）が、ロシアの「永遠の政治」（民主主義は見え透いた嘘にちがいないとの確信）を応援したのだ。[*88]

さらにアメリカの必然性の政治はアメリカの永遠の政治にもっと直接的につながる道も整えた——国内で経済的な不平等を著しく拡大させ、それを合法化することである。仮に資本主義に代わるものがないとすれば、ますます広がる富や所得の格差には目をつぶるか、言葉巧みにごまかすか、いや、いっそのこと歓迎すべきではないか。資本主義が進めば民主主義も進むというのなら、心配する必要などどこにあろう。必然性のこうした呪文《マントラ》は、アメリカをさらに不平等に、そしてその不平等をさらに苦痛なものにする政治の隠れ蓑になった。[*89]

一九八〇年代に連邦政府は労働組合の立場を弱体化させた。労働組合のある職に就くアメリカ人の割合は、およそ四分の一から一〇パーセント未満に減少した。民間企業の組合加入率はさらに急落し、男性で三四パーセントから八パーセントに、女性で一六パーセントから六パーセントになった。一九八〇年代に、アメリカの労働力の生産性は年間ほぼ二パーセントの割合で上昇したが、伝統的な観念でとらえられる労働者たちにとって、給与の伸びは、たとえあったとしてももっと緩慢だった。同じ時期に役員報酬は上がり、ときに劇的な伸びを記録した。とはいえアメリカは、他のどこでも中流階級を安定化させる基本的な政策に対しては、ひどく見劣りがした──退職年金や公的教育、公共輸送機関、保健医療、有給休暇、育児休暇といった政策である。

アメリカには、こうした基本的な政策を労働者や市民に提供できる資源があった。ところが課税政策が逆累進《リグレッシヴ》になるにつれ、その実現はいっそう困難になった。給与税を通して労働者に課される税負担が増す一方で、企業や富裕家庭の税負担は半分かそれ以下に軽減した。分布の頂点にいるアメリカ人の所得と富の割合は上がっても、最も恵まれた人々から徴収できる税金の割合は低下した。一九八〇年代以降、アメリカの所得者の上位〇・一パーセントが払う税率は六五パーセントから三五パーセントに、上位〇・〇一パーセントでは七五パーセントから二五パーセント未満に下がっている。[*90]

選挙戦のあいだずっとトランプは、この国が偉大だった時代を思いだすようアメリカ人に呼びかけた。彼の支持者が偉大だった時代と聞いて頭に浮かべたのは、一九四〇年代、五〇年代、六〇年代、そして七〇年代、つまり最富裕層と残りの人々の格差が縮小していた時代だった。一九四〇年から八〇年にかけて、アメリカの所得者の下位九〇パーセントは、上位一パーセントよりも多くの富を得ていた。次第に平等になっていくこの状況こそ、アメリカ人が、この国が偉大だった時代としてほのぼのと思いだすものだ。労働組合は一九八〇年代までは強かった。福祉は一九五〇年代から六〇年代にかけて拡大していった。富の分配の平等化は進んだが、それは大部分が政府による政策の賜物だった。

ところが、必然性の時代において、すべてが変わった。所得と富の格差は一九八〇年代から二〇一〇年代にかけて劇的に拡大した。一九七八年には、人口の上位〇・一パーセントにあたるおよそ一六万世帯がアメリカの富の七パーセントを手にしていた。ところが二〇一二年になると、このちっぽけなエリート層の立場はさらに強まり、アメリカの富の約二二パーセントを手中にした。最上位の〇・〇一パーセントにあたるおよそ一万六〇〇〇世帯を合計した富は、同じ時期に六倍以上も増えた。一九七八年には、上位〇・〇一パーセントの世帯はアメリカ人の平均的な世帯よりも約二二二倍も裕福だった。ところが二〇一二年になると、こうした世帯は約一一二〇倍も裕福になった。一九八〇年以降、アメリカの人口の九〇パーセントには、富においても所得においてもほぼ増加はなかった。増えた分はすべて上位一〇パーセントのところに行ってしまった──そして上位一〇パーセントのなかでも、ほとんどが上位一パーセントのところに、さらに上位一パーセントのなかでも、ほとんどが上位〇・一パーセントのところに、さらにさらに上位〇・〇一パーセントのなかでも、ほとんどが上位〇・〇一パーセントのところに行ってしまったのだ。[*91]

二〇一〇年代になると、アメリカにおける不平等はロシアの水準に近づいた。アメリカのオリガルヒのどのクランもいまだ自国を掌握してはいないが、二〇一〇年代にそうしたクラン──コーク家、マーサー家、トランプ家、マードック家──が出現したのを見逃すことはできない。ロシアが自国の権力を強化するためにアメリカの資本主義を利用したように、アメリカも同じ目的でロシアの寡頭政治《オリガーキー》と協力し合った——二〇一六年のトランプの大統領選挙がその好例だ。十中八九言えることだが、トランプがオバマよりもプーチンを好んだのは、たんにレイシズムや対抗心といった理由ではなかった。もっとプーチンに似たい、プーチンに気に入られたい、もっと多くの富を手にしたいという野望もあったのだ。寡頭政治《オリガーキー》は、民主主義や法や愛国心を破壊するための後ろ盾の役目を果たす。アメリカとロシアのオリガルヒたちは、自国民とのあいだより、互いのあいだにははるかに多くのものを共有していた。富の階梯の最上段から眺めれば、永遠の政治の誘惑は、ロシアでもアメリカでもさほど変わりはしないだろう。似たような状況に置かれたときに、アメリカ人がロシア人よりましな振る舞いをする理由はまず思いつかない。

たくさんのアメリカ人にとって、寡頭政治《オリガーキー》とは、時間を歪め、未来の意識をなくさせ、日常をストレスの連続にすることを意味した。経済の不平等が社会の進歩を抑制すれば、今よりも良い未来を、いや、どんな未来をすら想像できなくなる。アメリカのある労働者が一九三〇年代の大恐慌のさなかに述べたように、恐怖は「我々の物の見方や気分を歪めてしまう。時間の感覚も、信じる気持ちもなくしてしまうんだよ」。一九四〇年に生まれたアメリカ人は、ほぼ間違いなく両親よりも金を稼ぐことができた。一九八四年に生まれたアメリカ人にとって、そのチャンスはほぼ五分五分だった。ビリー・ジョエルが一九八二年に発表した「アレンタウン」は、ベツレヘム・スチールの城下町のペンシルヴェニア州ベツレヘムに隣接する鉄鋼の都市アレンタウンを歌った歌で、ヒットした。これは、父親世代が達成できた社会的向上を期待できない戦後の第二世代の男たち、偏狭なナショナリズムに騙された労働者たちを歌ったものだ。鉄鋼産業の運命は、アメリカの労働市場全般のそれと同じく、世界経済の変化とおおいに関係していた。一九八〇年から二〇一六年にかけて製造業の仕事の数はおよそ三分の一も減少した。問題なのは、アメリカの指導者たちがグローバリゼーションを、自国を改革する誘因としてではなく、自国の問題に対する解決策と捉えたことだ。そうはならずに、一九九〇年代、二〇〇〇年代、二〇一〇年代のグローバリゼーションは、必然性の政治や経済的な不平等に苦しむ世代と重なったのだ。[*92]

不平等とは、貧困だけでなく違いを経験することでもある。不平等が傍目にもはっきりわかれば、人々はアメリカンドリームを、起こりそうにもないとか不可能だとして拒絶するようになる。そうこうするうちに、ますます多くのアメリカ人が住む場所を変えられなくなり、そのせいでますます明るい未来を想像できなくなる。二〇一〇年代に入ると、一八歳から三四歳までのアメリカ人のうち、両親と同居する者がどの生活形態よりも多くなった。教師になってサンフランシスコの公立学校に職を得たある若者は、金銭的な理由から街のどこにも家を買えなかった。言い換えれば、必要な教育を受け、最も公的価値の高い仕事に就いたアメリカ人の若者ですら、かつてはごく当たり前とされた生活を始めるだけの報酬を得ることができない。未来に希望が持てないことは、とりわけ若者たちを苦しめた。二〇一〇年代には、アメリカの世帯の五分の一以上が、大学進学のために借金をしていると報告した。不平等に晒されたアメリカのティーンエージャーは、高校を中退せざるをえず、そのせいでさらに収入を得るのが難しくなった。貧困家庭で育てられた場合、試験をしてみると、なんと四歳という早い年齢から、成績が振るわなかった。[*93]

超富豪のウォーレン・バフェットが述べたように、「なるほど階級闘争があるのは認めよう。だが戦いを仕掛けているのは私の階級、つまり金持ちの階級で、しかも我々が勝っているのだ」。かくしてアメリカ人は、毎日大勢がこの階級間の戦いで命を落としている。その数は、海外の戦争や国内のテロによる死者と比べものにならないほど多い。アメリカにはまともな公的保健医療制度が存在しないので、不平等は健康上の危機をもたらし、それがまた不平等を加速させ、悪化させている。郡レベルで見ると、トランプが選挙戦で勝利を決めた票を獲得したのは、二〇一〇年代に公的保健医療制度が崩壊した郡だった。[*94]

トランプ票に最も強く関連する要因は、地元の公的保健医療の危機であり、とくにその危機のなかに高い自殺率が含まれる場合だった。二〇一〇年代には、毎日約二〇人のアメリカ軍の退役軍人が自殺したし、そのうち農業従事者では自殺率はさらに上昇した。明日は今日よりも悪くなるにちがいないと思うと、アメリカ人、とくに白人のアメリカ人は自身の寿命を縮めかねない行動に走った。健康悪化とトランプへの投票との関連が強かったのは、オハイオやフロリダ、ウィスコンシン、ペンシルヴェニアなど、二〇一二年にはオバマが勝ったが二〇一六年にはトランプが獲得した、選挙の鍵を握る州だった。[*95]

人生が短く未来が前途多難に見えるとき、永遠の政治が手招きするのだ。

アメリカの必然性の政治が二〇一〇年代にもたらした、とりわけ目につく結果は、オピオイドの合法化と蔓延だ。こうした化学物質には常習性があると知られていたのは一〇〇年単位の昔からだ。とはいえ、まともな公的保健医療制度が欠如し、資本主義に規制がかからない状況では、こうした基本的な知恵すらもマーケティングの勢いに屈することがある。実際アメリカは、自国に対しアヘン戦争を仕掛け、当たり前の生活を何百万もの人々から奪い去り、当たり前の政治の享受を誰にとってもはるかに難しくした。一九九〇年代のアメリカ市民は、すでに不平等についての壮大な実験の被験者になっていたが、それと同時に、野放しになって出まわる合成オピオイドの危険にも晒された。ヘロインを錠剤にしたような働きをするオキシコンチンは、一九九五年に処方薬として承認された。製造会社パーデュー・ファーマのMRは、奇跡が起きたと医師に説明した。依存性がなくヘロインのような鎮痛効果があるというのだ。[*96]

一九九〇年代の終わりには、オハイオ州南部とケンタッキー州東部でパーデュー・ファーマのMRには、四半期に一〇万ドルを超えるボーナスが支給された。一九九八年に最初の「ピル・ミル」（薬処方工場）がオハイオ州ポーツマスに現れた。これは医療施設と称するものだが、そこでは医師がやたらにオキシコンチンなどのオピオイド系鎮痛剤を処方して報酬を得ていた。ポーツマス、次いでほかの都市でも住民がまもなく常習者になり、過剰摂取で命を落としはじめた。ヘロインに切り替える者も現れた。ポーツマスを郡庁所在地とするオハイオ州サイオト郡は、およそ八万人の人口を擁していた。わずか一年間に、住民は九七〇万錠の錠剤を処方されたが、それは子どもも含めた男女の一人ひとりにつき一二〇錠の計算になる。極端な数に聞こえるかもしれないが、これも国内の多くの場所で珍しいことではなくなった。たとえばテネシー州では、一年間でおよそ四億錠もの錠剤が約六〇〇〇万人の住民に処方されたが、これは一人当たり約七〇錠の計算になった。[*97]

ロシアやウクライナでは、二〇一四年、一五年、そして一六年に、人々は「ゾンビ」や「ゾンビ化」という言葉をよく口にした。ロシアがウクライナ南部と南東部を占拠しているあいだ、どちらの側も、相手が「ゾンビ化」したのは、相手側自体のプロパガンダのもたらした催眠効果のおかげでトランス状態になってしまったからだ、と主張した。ドンバス地方とアパラチア地方とに、さほど変わりはなかった。たしかに二〇一〇年代のアメリカには、無数のドンバスがあった──混乱と絶望に満ちた場所で、そこでは期待がすっかりしぼんだせいで、人々がますます安易な解決策にすがるようになっていた。ウクライナ東部と同じく、ゾンビ化はアメリカでも目についた。ポーツマスの住民が髪も洗わず、土気色の顔で、互いの家から金属製の物を引っぺがして街中《まちなか》を運んでゆき、薬と引き換えに売るのを見かけることができた。およそ一〇年にわたり、オピオイドはこの街で通貨の役目を果たしたが、それはウクライナで戦うどちらの側の正規兵や傭兵のあいだでも同じだった。[*98]

オピオイド禍は、最初の二〇年間にさほど話題にならなかったせいで、全国的に広がった。アメリカでは失業中の男性のおよそ半数が鎮痛剤を処方されていた。二〇一五年の一年間に、およそ九五〇〇万人ものアメリカ人が、処方薬の鎮痛剤を使用した。中年の白人男性の場合、オピオイド中毒による死亡は他の絶望からくる死と相まって、癌や心疾患の治療の恩恵を帳消しにした。一九九九年を皮切りに、アメリカでは白人中年男性の死亡率が上昇しだした。薬剤の過剰摂取による死亡率は一九九九年から二〇一六年にかけて三倍に上昇し、二〇一六年には六万三六〇〇人のアメリカ人が過剰摂取で命を落とした。先進国における平均余命は世界中で延びているが、アメリカでは二〇一五年、翌一六年にも下がっている。トランプが共和党内の指名を争っていたとき、彼が予備選挙で健闘したのは、白人中年男性の死亡リスクが最も高い地域だった。[*99]

痛みに苦しむ誰もが、一錠の薬で一日を乗り切れることを、あるいはせめてもベッドから出られることを知っている。だがオキシコンチンやヘロインは、快楽を通して特有の苦痛をもたらす。脊椎や脳に存在するミュー受容体を刺激して、無性にもっと欲しくなる気にさせるのだ。オピオイドは脳の前頭皮質の発達を遅らせるが、ここは青年期に選択する能力が形成される場所だ。オピオイドを使用し続けると、人は経験から学んだり、自らの行動に責任を持ったりすることが困難になる。この薬は、子どもや配偶者、友人や仕事、世の中のためにとっておくべき精神的、社会的な余裕を食いつくす。極度の依存に陥ると、快楽と渇望を無言のまま孤独に体験することが、この世のすべてになる。時間は、一錠やった、さあ次の一錠だ、という繰り返しにすぎなくなる。人生何もかもがバラ色の気分から、一転してお先真っ暗という気分になるのが常《つね》のこととなる。人生そのものが（こしらえられた）危機と化し、その危機は人生が終わりでもしないかぎり終わりが見えないとしか思えない。[*100]

アメリカ人には、薬を使うことで永遠の政治を受け入れる心構えが、（てっとり早く一錠をやることでのみ忘れられる）破滅意識を受け入れる心構えが、すでにできていた。少なくとも二〇〇万人のアメリカ人が、二〇一六年の大統領選挙の時期にオピオイド中毒になっていて、さらに数千万人が、この錠剤を服用していた。オピオイドの使用とトランプへの投票の相関関係は一目瞭然で、トランプが勝たねばならない諸州ではとりわけ顕著だった。ニューハンプシャー州で、コーアス郡をはじめとするオピオイドの被害を受けた郡は、二〇一二年のオバマ支持から二〇一六年にトランプ支持へと振れた。二〇一二年にはオバマが勝ったが二〇一六年にはトランプが勝ったペンシルヴェニア州の郡は一つ残らず、オピオイド禍に見舞われていた。ウェストバージニア州のミンゴ郡は、アメリカ国内でもオピオイドの被害が最大級にひどかった。ミンゴ郡にある人口三二〇〇人の町には、年間約二〇〇〇万錠のオピオイドが出荷された。ミンゴ郡は二〇一二年にも共和党を支持していたが、二〇一六年にはトランプが、その四年前にミット・ロムニーが獲得したより一九パーセントも多い票を獲得した。一つの例外を除いて、オピオイド禍に晒されたオハイオ州のすべての郡が、二〇一二年のロムニーよりも二〇一六年のトランプにかなり多くの票を投じたが、これは選挙に勝つためには獲得する必要のあるオハイオ州で、トランプが勝利する一助となった。アメリカのオピオイド禍の発祥地、オハイオ州サイオト郡では、トランプはロムニーよりもなんと三三パーセントも多い票を獲得したのだ。*101

トランプの永遠の政治が作動したのは、アメリカンドリームが死んでしまっていた土地だった。トランプは過去の時代、アメリカが偉大だった時代に戻るよう呼びかけた。不平等が存在しなければ、人々のなかに未来が閉ざされているとの意識がなければ、トランプは自分を当選させてくれるだけの支持者を見つけられなかったことだろう。

そして悲しいかな彼の統治の発想とは、死んだアメリカンドリームをゾンビの悪夢に変えることだった。

永遠の政治が勝利するのは、作り話が現実のものになるときだ。作り話のなかの指導者は、良心の呵責もなければ詫びることもなく嘘をつく。彼にしてみれば嘘こそが人生だからだ。作られた人物「成功したビジネスマンのドナルド・トランプ」は、世間を嘘で埋め尽くし、嘘をついたことを一度も謝ったりしなかった。謝れば、真実というものが存在するのを認めることになるからだ。就任から最初の九九日間のうちの九一日で、トランプは少なくとも一回は、どう見ても間違っている発言をした。そして最初の二九八日間に一六二八回も、間違っているか誤解を招く発言をした。またある三〇分のインタビューのあいだに二四回も、間違っているか誤解を招く発言をしたが、（インタビュアーが話している時間を考慮すると）まさに一分に一回の割合だ。大統領というものはたしかに皆が嘘をつくものだが、トランプが違っていたのは、本当のことを言う方が例外だったことだ。[*102]

多くのアメリカ人には、絶えず嘘をついて決して謝らない人物と、めったに嘘をつかず自分の間違いを訂正する人物との見分けがつかなかった。この世界を、スルコフやロシアの海外向けプロパガンダ用テレビ局「ＲＴ」が説明するままに受け入れていた――誰もが真実など語っておらず、たぶん真実など存在しないのだから、いっしょに自分の耳に心地よいことだけを繰り返そうじゃないか、それにそれを言ってくれる人間に従おうじゃないか、と。それが権威主義《オーソリタリアニズム》のありようなのだ。トランプはロシアのダブルスタンダードを取り入れた――自分は年がら年中嘘をついてもよいが、ジャーナリストのどんな些細な間違いも、ジャーナリズムという職業全体の信用を落とす、というのだ。トランプはプーチンの真似をして、嘘をついたのは自分でなく記者の方だと息巻いた。彼らを「アメリカ国民の敵」と呼び、彼らは「フェイク・ニュース」を生みだしているとうそぶいた。トランプはその歯切れの良い言い方のどちらにも鼻高々だったが、「国民の敵」も「フェイク・ニュース」もどちらもロシアのものだった。[*103]

ロシアに倣うのならば、調査報道は脇に押しやり、ニュースを日頃の見世物にしなければならない。見世物で肝心なのは、支持者と反対者のどちらの感情もあおって、分裂を強化し、揺るぎないものにすることだ。繰り返されるどんなニュースも、高揚もしくは抑鬱をもたらし、政治とは国民の生活を改善する政策にかかわるものではなく、国内の「友・敵」にかかわるものだとの確信を深めさせるのだ。トランプは選挙戦のときと同じように国を治めた――政策の立案者ではなく、憤怒の製造元だったのだ。[*104]

永遠の政治は、繰り返し郷愁を駆りたて、繰り返し対立を運んでくる。トランプが大統領執務室《オーバルオフィス》にたどりついたとたん、アメリカにおける格差の程度がロシアのそれに近づいた。大恐慌の始まった一九二九年からこのかた、アメリカの富と所得が、上位〇・一パーセントと残りの国民のあいだでこれほど不公平に分配されたことはなかった。トランプが「アメリカをふたたび偉大な国にする」と言うとき、彼の支持者は第二次世界大戦のあとの、不平等が小さくなりつつあった時期を思い浮かべた。だがトランプの頭にあったのは、あの悲惨な一九三〇年代だった――しかも現実に起きた大恐慌にとどまらず、もっと過激で恐ろしいものが頭の中にあった。その過激で恐ろしいものとは、大恐慌の影響に対処するために国の内でも外でも何の手も打たれなかった、現実とは異なるもう一つの世界《オルタナティヴ・ワールド》だったのだ。[*105]

選挙戦のあいだも、大統領就任後も、トランプのスローガンは「アメリカ・ファースト」だった。これは一九三〇年代を指すよりも、公共政策で対処されない人種的・社会的不平等の悪化したもう一つの《オルタナティヴ》アメリカをさしていた。この「アメリカ・ファースト」という言葉は、そもそも一九三〇年代に、フランクリン・D・ローズヴェルトの提案する福祉国家と、アメリカの第二次世界大戦への参戦との両方に反対して使われた。「アメリカ・ファースト」運動の看板となった大西洋横断初単独飛行のパイロット、チャールズ・リンドバーグは、アメリカがヨーロッパ白人の同胞としてナチスと共同戦線を張るべきだと訴えた。二〇一〇年代になって「アメリカ・ファースト」と口にするのは、アメリカの永遠の政治のなかに神話めいた「無垢」の瞬間《とき》を認め、不平等を当たり前のこととして甘受し、当時あれをすべきだったとか今これができるはずとかいった考えを捨て去ることだった。[*106]

トランプの唱える永遠の政治では、第二次世界大戦はもはやその意味を失っていた。ここ何十年のあいだアメリカ人は、この戦争の美徳はナチスのレイシズムと戦ったことにあり、そのことからアメリカをより良い国にする教訓を得たと考えるようになっていた。ところがトランプ政権は、この「良い戦争」というアメリカ人の持つ記憶をひそかに攻撃した。ナバホ族の退役軍人(「コードトーカー」たち)をホワイトハウスに招いたさいのスピーチで、トランプは政敵の一人に対し人種差別的な呼び方をした(「ポカホンタス」を揶揄として使用した)。また国際ホロコースト記念日に声明を出したとき、ユダヤ人のことにもホロコーストにも触れずにすませた。トランプの報道官ショーン・スパイサーは、ヒトラーが「自国民」を殺さなかったと断言した。ドイツ・ユダヤ人はドイツ国民に含まれないとするこの考えこそがホロコーストの始まりだったのだが。永遠の政治は敵に向けての取り組みを要求するが、敵とは国内の敵ということもありうるわけだ。「国民」とは、トランプが自ら言っていたように、つねに「真の国民《リアルピープル》」であって、市民権を持つ者全体を指すのではなく、いくつかの選ばれた集団なのだ。*107

　ロシアの後援者たちと同様に、トランプはバラク・オバマが大統領になったことを、常軌を外れた事態だと捉えた。そしてRTと足並み揃えて、オバマはアメリカ人ではないとの作り話を広めたが、それは「国民」とは白人のことであるとの考えを不動のものにするためだった。プーチンが猿のまねをしたり、イリインがジャズについて「ヨーロッパのリスナーを正常なセックスができない愚鈍なダンサーに貶めるための周到な企て」だという強迫観念にかられていたり、プロハーノフが黒いミルクと黒い精子の悪夢を頭に描いたように、トランプはブラックパワーの幻想にどっぷり浸っていた。トランプが大統領選挙に勝利すると、キセリョフはオバマが「今や何もできない宦官になった」と歓喜した。トランプはアメリカ史上ただ一人、自分のペニスを世に自慢した大統領候補だった。トランプを支持する白人至上主義者たちは、トランプのレイシズムを支持しない共和党員たちを cuckold（寝取られ男）と conservative（保守派）からの造語「寝取られ保守（cuckservative）」と呼んだ。この言葉が出てきたのは、白人の妻を寝取られた白人の夫が、妻が黒人の男にフェラチオをするのを眺めるポルノ的なミームに絡んでだった。敵に性的な特徴を付与することは、政治を生物学的な対立に貶め、改革や自由を求める労は放棄し、かわりに不安から虚勢を張るのをいつまでも止めないことだ。*108

アメリカの永遠の世界では、敵とは黒人のことであり、政治はそれをはっきり言うことから始まる。したがってトランプの唱える「永遠の政治」においては、アメリカ・ファーストという一九三〇年代の人種差別的な孤立主義の次に出て来る無垢の瞬間《とき》とは、南北戦争がなかったことにされるもう一つの一八六〇年代《オルタナティヴ》だった。現実のアメリカの歴史では、一八六一年から六五年まで続いた南北戦争が終わって数年後に、アフリカ系アメリカ人は市民権を与えられた（連邦憲法修正第一五条の批准は一八七〇年だった）。とはいえ黒人が「国民」から除外されるのなら、アメリカの永遠の政治は彼らを奴隷のままにしておく必要がある。こうしてトランプ政権は、ヒトラーと戦う分別に異を唱えたように、奴隷制と戦う分別にも異を唱えた。南北戦争についてトランプは、「なぜうまくいかなかったのか？」と尋ねた。大統領首席補佐官のジョン・ケリーは、南北戦争の原因はどちらも譲歩しなかったからだと説明し、もしも当時の人々がもっと合理的であったなら、アメリカは合理的にも黒人を奴隷にする国家を、合理的にも維持できたかもしれないとほのめかした。一部のトランプ支持者の頭の中では、ホロコーストに賛成することと、奴隷制を支持することが強固に結びついていた。二〇一七年八月にヴァージニア州シャーロッツヴィルで極右が大規模な集会を企てた際には（その名も「右翼団結決起集会《ユナイト・ザ・ライト・ラリー》」だった）、ナチスと南部連合のシンボルが同時に現れた。[*109]

「アメリカ・ファースト」を標榜することは、国の内でも外でもファシズムと戦う必要をいっさい否定することだった。アメリカのネオナチと白人至上主義者がシャーロッツヴィルで行進したとき、トランプは、彼らのなかには「とても良い人たち」もいると発言した。さらに南部連合の記念碑を残そうとする南部連合支持者やネオナチの大義を擁護した。アメリカ南部にあるこれらの記念碑は、一九二〇年代から三〇年代に建てられたものだが、当時のアメリカにはファシズムが出現する可能性が現実にあった——それらの記念碑は、ヨーロッパでファシズムが台頭しているのと軌を一にして、南部の諸都市における人種の純潔化を記念するものだったのだ。当時の人の目から見れば、このつながりは一目瞭然だった。偉大なアメリカのエンターテナーで社会批評家でもあったウィル・ロジャーズは、一九三三年にアドルフ・ヒトラーのことを評して親近感があるねと述べた。「新聞はどれもヒトラーがムッソリーニのまねをしていると言う。だが私から見れば、彼がまねしているのはＫＫＫだな」。偉大なアメリカの社会思想家で歴史家のＷ・Ｅ・Ｂ・デュボイスは、ファシズムの誘惑がアメリカの過去の神話と相まって力を発揮する様子を見てとった。デュボイスは、アメリカの白人たちが、すべての国民にとってのより良い未来をめざす国よりも、黒人への憎悪にまつわる話の方を好むことに危惧を抱いたが、その考えは正しかった。レイシズムに目がくらんだ白人たちは、デュボイスが一九三五年に記したように、「この国の民主主義を抹殺し、人種的偏狭を崇めたて、この世界を金権国家にする手先」になりかねなかった。それこそ、私たちが寡頭政治《オリガーキー》と呼ぶものだ。[*110]

アメリカの永遠の政治は、人種の不平等をとりあげて、これを経済的な不平等の根源とし、白人に黒人への反感を抱かせ、憎むのは当たり前で変化など起こりえないと断言する。まずは作り話の前提を掲げて、次に作り話に沿った政策をこしらえる。地方に住むアメリカ人は、自分たちの税金が都市部の住民に分配されていると信じがちだが、事実はその逆だ。また多くのアメリカ白人、とりわけトランプに投票したアメリカ人は、白人の方が黒人よりも差別の被害に遭っていると信じこんでいる。これは南北戦争直後の時代にさかのぼるアメリカ史の遺産だ。このときアンドリュー・ジョンソン大統領が、アフリカ系アメリカ人の政治的平等は白人に対する差別だと決めつけた。必然性の政治を信じる者は、やがて時がたてば、人はもっと学んで間違いも減るだろうと考えるかもしれない。公共政策を信じる者は、おのおのどんな信念を持つにせよ、不平等の克服につながる改革を考えだそうとするかもしれない。けれどトランプのように永遠の政治を唱える政治家は、過去と現在についての間違った信念を利用して、こうした間違った信念を裏づける作り話に沿った政策を正当化し、政治を敵との永遠の戦いにするのだ。[*111]

永遠の政治を唱える政治家は、政策を立てるかわりに、敵をはっきりと特定して見せる。トランプの場合も、次のようなさまざまなことをしてきた。ホロコーストがユダヤ人にかかわるものであることを否定した。黒人のアスリートをさして「くそ野郎《サノバビッチ》」という言葉を使った。政敵の一人を「ポカホンタス」と呼んだ。メキシコ人を標的にした激しい非難の計画を監督した。移民がおかした犯罪のリストを公表した。テロ対策部門をムスリムによるテロ対策部門に変えた。テキサス州やフロリダ州のハリケーン被災者を助けてもプエルトリコの被災者は助けなかった。「肥溜国家《シットホール》」という言葉を口にした（これは元々ハイチ、エルサルバドル、アフリカ諸国を指して発言したものだった）。報道記者をアメリカ国民の敵呼ばわりした。抗議者たちが報酬を得ていると吹聴した……等々である。アメリカ国民はこれらの兆候に気づくことができた。だからこそ、次のようなことが起きたのだ。ある共和党下院議員候補が、医療保険制度について質問をした記者に暴力を振るった。アメリカのネオナチの一人がオレゴン州ポートランドで列車に乗っていた女性二人に襲いかかり、助けようとした男性二人を刺殺した。ワシントン州では、一人の白人男性が人種差別的な暴言を吐きながら、アメリカ先住民二人を車で轢いた。複数の調査で、教師たちはトランプが大統領になってから教室で人種的な緊張が高まったと報告した。「トランプ」という言葉は学校のスポーツ大会で人種差別的な意味合いを持つ野次として使われた……。[*112]

アメリカの永遠の政治が政策を立てるかぎり、その目的は苦痛をもたらすことにある。よって、富を大多数の国民から最富裕層に移行させる逆累進課税、そして医療保険の削減または廃止、となる。永遠の政治はネガティブ・サム・ゲームとして機能し、人口の上位一パーセントかそこら以外の人々はさらに負けが続き、その結果生じる苦悩を利用して、さらにゲームが続けられる。人々が勝利の感覚を味わえるのは、ほかの人は負けているにちがいないと思うからだ。トランプはロシアのおかげでやっと勝てたから、そもそも負けていたのだが、そのトランプにはめられた共和党はもっと負けていたし、権力から排除された民主党はさらにいっそう負けていたが、それでも最大の敗者は、入念に仕組まれた不平等と健康危機に苦しむアメリカの国民だ。だが自らの負けを、誰かがもっと負けている徴《しるし》だと考えるアメリカ人がそこそこの数いるかぎり、この理屈はまかり通るだろう。政治を、より良い共通の未来をめざす営みではなく、人種の対立として見るようアメリカ人を誘《いざな》えば、彼らはおそらくもう何も期待しなくなるのだ。*113

トランプは「ポピュリスト」と呼ばれた。だがポピュリストとは、金融エリートとは対極にある大衆のための機会を増やす政策を唱える者だ。ところがトランプはまた別物だった。いわば「サド・ポピュリスト」(sadopopulist)と呼べるもので、その政策は、自身の選挙民のうち最も弱いグループを傷つける仕組みになっている。こうしたグループの人々は、現大統領のレイシズムに背中を押され、自らの苦痛を、他者がもっと大きな苦痛を味わう徴《しるし》だとして納得することができたのだ。二〇一七年における唯一の主要な政策とは、苦痛をいや増すことだった。それは国内政策実現のための資金計画に予算的にノーを突きつけることになる逆累進課税法であり、その条項として、最も必要としているたくさんの人々から医療を奪うことも含まれていた。トランプは、健康保険を保障する「個人の加入義務を破棄してやった」のだ、と言い放った。医療保険の対象を、保険に入っていないアメリカ人も含めるよう拡大した医療費負担適正化法(ACA)は、彼に言わせれば「時が経つにつれて死んだも同然」だった。議会予算局(CBO)によれば、二〇一七年の税制法案における医療保険条項によって、おそらく一三〇〇万人のアメリカ人が健康保険から除外されることになるだろう。国連の調査団が警告したように、こうした政策によってアメリカは「世界で最も格差の大きな国家」になるおそれがあった。第三者から見れば、こうした政策の目的は苦痛を与えることにあると、容易に結論できた。*114

見方によっては、医療保険の放棄につながる投票をした貧困者や失業者、オピオイド常習者たちは、富裕層に対し、彼らが必要としないし気にもとめないかもしれぬ金を与えているにすぎない。また別の見方によっては、こうした有権者は政治の流行を達成から受難に、利益《ゲイン》から苦痛《ペイン》に変えて、自分たちの選んだ指導者がサド・ポピュリズムの政権をつくるのに加担している。彼らは自身の苦痛の手当をしてくれる人間を選んだと信じ、この指導者が敵にはずっと大きな苦難を与えてくれるはずだと夢想する。永遠の政治は苦痛を「意義」に変え、次のステップとしてその「意義」をより大きな苦痛として戻してくるのだ。[*115]

この点からすれば、トランプ大統領のもとでアメリカはロシアのようになりつつあった。ロシアは「戦略的相対主義」によって、自らも傷つくが、他者をもっと傷つけること——あるいは少なくともロシア国民に、他者の方がもっと傷ついていると信じこませること——を目論んだ。ロシアがウクライナに侵攻したあと、ロシア国民はヨーロッパやアメリカによる制裁の痛みを甘受したが、それは彼らが、ロシアは現在ヨーロッパやアメリカと栄誉ある戦争をしていて、ヨーロッパやアメリカの側はその退廃や攻撃的態度に対する当然の報いを受けているのだと信じたからだ。作り話で戦争を正当化することで本物の苦痛が生じ、その苦痛が今度は本物の戦争を続けることを正当化する。この戦いの戦闘の一つに勝利してトランプを助けて大統領にしてやったことで、モスクワはまさにこの論理をアメリカのなかで拡散していった。

モスクワはアメリカ国内の政治をネガティブ・サム・ゲームに変えるのに手を貸すことで、国際政治のネガティブ・サム・ゲームにも勝利した。ロシアの永遠の政治では、ロシア国民はより良い未来への期待を手放すかわりに、ロシアの無垢を果敢に守るといった未来図を手にする。アメリカの永遠の政治では、アメリカの白人はより良い未来への期待を手放すかわりに、アメリカの無垢を果敢に守るといった未来図を手にする。アメリカ人のなかには――真偽はともかく、黒人の方が（あるいはたぶん移民やムスリムの方が）もっとずっと苦難にあえいでいるとの印象を持つかぎりは――寿命が縮まり暮らしがさらに悪くなってもしかたないと思わされてしまう者もいることだろう[*116]。

政府を支持する人々が、苦痛でもって報いられると予期しているなら、政党間の政策論争に立脚する民主主義は危機に陥る。トランプのもとでアメリカ人は、この政権に、苦痛と快楽、日常的な怒りと勝利の感覚を期待するようになった。支持者にとっても敵対者にとっても、政治を経験するのはオンラインやヘロインに時間を費やすような常習的行動になった――良い瞬間《とき》と悪い瞬間《とき》の繰り返しをたった一人で経験するのだ。建設的な新しい政策をこの連邦政府に期待する者はまずいなかった。短期的には、政策によってその正当性を示そうとしない政府は、ロシアのように、恐怖でもって正当性を示したくなるだろう。長期的には、改革を通して過半数を味方にできない政府は、多数決による支配の原理を破棄するだろう。

こうして民主主義や法の支配に背を向けることこそ、トランプの選んだ道に見えた。トランプは大統領候補としてはじめてづくしだった。自分が選挙に勝たなかったら集計結果を認めないと発言したはじめての、またライバル候補に暴力を振るうよう支持者にけしかけたこの一〇〇年あまりではじめての、またライバル候補を殺害すべきだと（二度も）ほのめかしたはじめての、また選挙戦の一大テーマとしてライバル候補を収監することを示唆したはじめての、さらにファシストが発信したインターネットミームを拡散したはじめての……大統領候補だった。そしていざ大統領になると、トランプは世界中の独裁者への称賛の念を露わにした。トランプが大統領の座を勝ちとり、トランプの党がアメリカの立法府の上下両院で多数党になれたのは、アメリカの体制に非民主主義的な要素があるおかげだった。トランプはこのことをよくわかっていて、自分は一般投票で本当は負けていなかったとしつこいほど繰り返した。事実はかなりの票差で負けていたのだが。ロシアの支持者たちはトランプを元気づけようとした。たとえばチャンネル1は、クリントンが一般投票で勝利したのは、数百万もの「死せる魂」が彼女のために票を入れたからだとの虚偽を報じた。[*117]

サド・ポピュリズムの選挙の論理とは、不平等から恩恵にあずかる人や苦痛が好きな人だけに投票させて、平等と改革を後押しすることを政府に期待する人からは票をとりあげるというものだ。政権に就いて最初にトランプは、連邦選挙から投票者を排除する権限を持ついわゆる投票者抑制委員会を任命したが、その目的はどう見ても、一部の州ですでに実施されているように、将来連邦レベルで作為的に多数派を形成することにあった。州レベルでのこうした委員会の働きがなければ、二〇一六年にトランプが勝つのはもっと難しかっただろう。彼らが望むのは、今後の選挙を、もっと条件に制限をかけて、もっと投票者を減らして実施することにちがいない。アメリカの民主主義の暗いシナリオとは、何かとんでもない法律、ひょっとしたら国内のテロに関する法律の一つと、緊急事態下で行われる選挙が組み合わさって、投票権がいっそう制限されることだ。こうした「一大事件」をトランプは一度ならず思い描いていた。[*118]
ロシアがトランプに仕掛けた誘惑は、大統領の椅子だった。トランプが共和党に仕掛けた誘惑は、一党独裁国家、政治的競争ではなく不正選挙による政権、そして人種的な寡頭政治《オリガーキー》だった。そこでの指導者の仕事とは、繁栄ではなく苦痛をもたらすこと、全員のために実行するのではなく、あるグループのために芝居気たっぷりにふるまうことだった。連邦政府が不平等を最大化し、投票を制限することしか行わなければ、あるとき一線が越えられてしまうだろう。アメリカ人はロシア人と同様に、自分たちの選挙への信頼をついには失うことになる。そうなればアメリカはロシア連邦と同様に、指導者を選ぶ合法的な手段を失い、永久的に継承の危機に陥るだろう。そのときこそ、二〇一〇年代のロシアの外交政策――ロシアの抱える問題の数々を目当ての敵にそっくり輸出し、ロシアのもろもろの症状を伝染させてそれらの症状こそ当たり前のものとしてしまうこと――が勝利したことになるのだ。[*119]
政治とは国境をまたいだものだが、その修復は足元でやらねばならない。二〇一六年の大統領選挙、ドナルド・トランプの経歴、匿名でのビジネス、匿名での不動産購入、インターネットニュースの席巻、憲法の特殊性、驚くべき経済の不平等、痛ましい人種関係の歴史――こうした何もかもをアメリカ人は、この国が特別な国で、その歴史が例外的なものであるゆえの問題だと思うかもしれない。必然性の政治はアメリカ人に、この世界が自国のように、つまり、もっと友好的で民主的になるべきだと考えるよう誘《いざな》った。だが実際は、友好で民主的どころではなかった。それどころかアメリカは、二〇一〇年代にますます民主的でなくなりつつあり、ロシアがこの傾向に拍車をかけるべく動いている。ロシアの支配の仕方は、オリガルヒに憧れるアメリカ人の心を惹きつけた。ロシアの場合と同じく、危険なのはファシストの発想が寡頭政治《オリガーキー》を強固なものにすることだ。

必然性の呪縛を解くために、私たちは自分たちのありのままの姿を――例外的な道を行くのではなく、他者とともに歴史を歩んでいくなかでの姿を――見なければならない。永遠の政治の誘惑を遠ざけるためには、自分たち自身の問題に、まずは不平等の問題から始めるが、時宜を得た公共政策をもって取り組まなければならないのだ。アメリカの政治を永遠の人種対立に貶めれば、経済の不平等は悪化の一途をたどるだけだ。ますます広がる機会の格差に対処するには――社会的向上の可能性を蘇らせ、それにより未来をふたたび意識できるようにするには――自分たちアメリカ人を、互いに相争ういくつもの集団ではなくアメリカ国民全体として見ることが必要となる。

アメリカは、人種的平等も経済的平等も持てるかもしれないし、どちらの平等も持てないかもしれない。仮にどちらの平等も持てなければ永遠の政治がはびこり、人種的な寡頭政治《オリガーキー》が立ち現れ、アメリカの民主主義は終焉を迎えるだろう。

エピローグ（二〇——年）

世界の崩壊を経験することで、はじめて本当に世界を見ることになる。自分たちが築いたわけではない秩序の継承者として、私たちはここにきて予想だにしなかった最終局面の目撃者となっている。

私たちの今を見るには、私たちの頭を麻痺させるための作り話、必然性と永遠の神話、（言い換えれば）進歩と破滅の神話から一歩身を退くことだ。現実はどこかほかの場所にあるのだから。必然性と永遠は歴史ではなく、歴史のなかの発想であり、私たちの時間の経験の仕方である——私たちの思考を緩慢にして、時間の流れの方は加速するような経験の仕方である。私たちの今を見るためには次のことを実践する必要がある。「おぼろに映す鏡」（第5章　3頁参照）などは脇に置かねばならない。自分たちが見られる場合のように、客観的に見なければならない。（必然性と永遠という）発想は発想にとどめて、歴史の方は私たちがつくっていくものとして見なければならないのだ。

美徳とは、美徳を望ましいものとし、美徳の存在を可能にする体制から生じるものなのだ。その体制が破壊されていくにつれ、美徳がなかにあるのが透けて見えてくる。だからこそ、喪失の歴史とは、実は回復への提案になるのだ。平等（第6章）、個性（第1章）、継承（第2章）、統合（第3章）、新しさ（第4章）、真実（第5章）といった美徳のどれもが、ほかのすべての美徳に依存しているのだし、そしてすべての美徳は人間の判断と行動とにかかっている。どれか一つの美徳に対する攻撃は、すべての美徳に対する攻撃であり、どれか一つの美徳を強化すれば、残りのすべての美徳を肯定することになるのだ。

自ら選んだわけではない世界に放りこまれた私たちが、失敗しても憤ることなくその経験から学ぶには、平等であることが必要だ。集団を対象とする公共政策のみが、個々人を信頼する市民たちを生み出すことができる。個々人としての私たちが、一緒にまたは別々に何ができて何をすべきかを探していくのだ。過去において投票し、今後も投票するだろう他者とともに民主主義に参加することもできるし、そうすることで「継承原理」と「時間の意識」を生みだすことができる。この点が保証されるなら、私たちは、自分たちの国を数ある国の一つとみなし、統合の必要に気づき、そのための条件を選ぶことができる。これらの美徳は互いを補強するが、それはただ自然にそうなるわけではない——そうした美徳を調和させるには、どんな場合にも人々の巧みな技が、旧来のものに新しいものを取り入れて絶え間なく調節していくことが、求められるものだ。新しさがなければ、これらの美徳もまた滅びてしまう。

こうした美徳のすべてが真実にかかっており、真実もまたこれらの美徳にかかっている。この世界における究極の真実は手にできなくとも、それを追求することが、人を自由なき世界《アンフリーダム》から遠ざけてくれるのだ。正しそうに感ぜられることを信じたい誘惑は、四方八方からひっきりなしに私たちを襲ってくる。真実と、好ましいものとを区別できなくなったとき、権威主義《オーソリタリアニズム》が幕を開ける。その一方で、真実など何もないと決めつけるシニカルな者は、暴政《ティラニー》を歓迎する市民となる。あらゆる権威をことごとく疑うのは、実は、（当然そこに含まれている）特定の権力者について無防備になることにつながるからだ――その権力者は感情を見抜いて疑心の種を撒くことだろう。真実を求めることとは、体制順応と独善とのあいだにある、個性へと向かう道を見いだすことなのだ。

私たちが真に個人であり、真に民主主義の世界に生きているのなら、一人ひとりが一票の投票権を持つべきだし、その力には、富や人種、特権や地理から生ずるどんな差もあってはならない。決断を下すのは個々の人間であって、（ロシア人はサイバー攻撃による票をこう呼ぶが）「死せる魂」やインターネットのロボット、永遠に死なないゾンビであってはならない。一票が一人の市民を真に代表するものであれば、市民は自分たちの国家に時間を与え、国家は市民に時間を与えることができる。それこそが真の継承というものだ。

また、いかなる国も孤立しないことが、真の統合というものだ。ファシズムとは、指導者が敵と定めた者は万人の敵でなければならないとする欺瞞である。その場合、政治は感情や欺瞞から始まる。平和は想像もつかないものになるが、そのわけは国内を統制するには国外に憎悪の対象をつくることが不可欠だからだ。またファシストが「国民」と言うとき、それは彼がそのとき贔《ひい》屓《き》にする「一部の国民」のことにすぎない。市民や住民が法で認められるならば、ほかの国々も法で認められてよいはずだ。国家が時代を経て存続するには継承の原理が必要なように、国家が空間のなかで存続するにも、なんらかのかたちでの他国との統合が必要になる。

真実がなければ信頼もなくなり、人と人との関係がなくなれば新しいものは生まれない。新しさは集団のなかで芽生えるもので、それは起業家だろうが芸術家だろうが、活動家だろうが音楽家だろうが同じことだ。そして、その集団には信頼が必要なのだ。不信と孤立が世に広まると、創造性や活力は被害妄想や陰謀に向かい、太古の過ちが熱に浮かされたように繰り返される。私たちは結社の自由（フリーダム・オブ・アソシエーション）という言葉を使うが、そもそも自由とは人がかかわり合うこと（フリーダム・イズ・アソシエーション）なのだ。人とのかかわり合いがなければ、自分を再確認することも、支配者に抵抗することもかなわない。

平等と真実をともに受け入れるのは、両者がなまじい近いし、扱いにくいことなのだ。たとえば、不平等があまりに進むと、真実は悲惨な人間には耐えきれないし、特権的な人間には瑣末なものとなる。市民のあいだのコミュニケーションは、平等かどうかにかかっている。同時に、平等もまた、真実なくしては達成できない。個人が経験する不平等は必然性や永遠の作り話でごまかせても、集団における不平等のデータが出てくれば政策の策定を迫られることになる。つまるところ、世界の富の分配がどれほど不平等か、また富裕層がどれほどの富を国家から隠しているかを知らなければ、私たちには何から手をつけてよいかさえわからないのだ。

歴史をありのままに見るならば、そのなかでの自分たちの位置が、自分たちに何が変えられるのかが、どうすればもっとうまくやれるのかが見えてくる。何も考えずに「必然性の政治」から「永遠の政治」へと移ってしまうのはやめて、自由なき世界《アンフリーダム》へと続く道から立ち去ろう。私たちは「責任の政治」（ポリティクス・オブ・レスポンシビリティ）を始めるのだ。

責任の政治を共に創造するということは、今一度この世界をよく見ることだ。歴史が明かすいくつもの美徳を学ぶことにより、私たちは誰にも予測のつかない再生の担い手となるのだ。

謝辞

私がしばしば思いめぐらすのは、今から数十年もしくは数世紀ののちに、私たちが今経験しているこの瞬間の意味を理解してくれる歴史家たちのことだ。彼らなら読みとれるはずのどんなことを、私たちは見逃してしまうのか。デジタルな意味で「情報」には限りがなく、知識はいよいよ希少になり、知恵は矢のごとく逃げていく。それでもおそらく紙媒体であって、誠実な調査報道ジャーナリストたちの書いた文章が出発点になってくれるはずだ。言うまでもなく、私自身の書いたきわめて今日《こんにち》的な歴史は、事実を理解するために危ない橋を渡った報道記者たちをおおいに頼りとした。本書を彼らに捧げる所以《ゆえん》である。

現代におけるロシア、ウクライナ、ヨーロッパを題材にした書物をあと少しで書き終えようというときに、私はふとその内容が思っていたよりはるかにイギリスやアメリカにかかわるものであることに気がついた。ロシアとウクライナのさまざまな面に関するリサーチについては、カーネギー・フェローシップから支援を賜った。二〇一三年から一四年にかけてウィーンの人文科学研究所（ＩＨＳ）において、ウクライナ人やロシア人の同僚から、そしてプログラム「ヨーロッパとの対話におけるウクライナ」のディレクターを務めたケイト・ヤンガーとタチアナ・ツルチェンコからは学ぶところが大きかった。二〇一六年にポーランドのクラスノグルダにあるボーダーランド基金で開かれたサマースクールの仲間たち、クシシュトフ・チジェフスキ、ヤロスラフ・フリツァーク、そして故レオニダス・ドンスキスと意見交換できたことにずいぶんと助けられた。

二〇一六年も終わるころ、私は『暴政（原題 *On Tyranny*）』という政治的なパンフレットを執筆し、二〇一七年の大半を、アメリカの政治についてアメリカの人々と論じ合うことに費やした（そしてアメリカのことをヨーロッパの人々に説明しようと努力する一方で、いくつかの問題には両者に本質的な類似があることも彼らに思い出させた）。本書で展開したたくさんの考えが、そうした公《おおやけ》の場での議論から生まれたものだ。『暴政』刊行から本書の刊行までのあいだ、ひっきりなしに講演をしてきたので、一つひとつのフォーラムを挙げることはできないが、それでも私の考えが、他の人々の仕事への意気込みに刺激を受けたものであることは言っておきたい。このせわしなく込み入っていた時期を通して、エージェントであるティナ・ベネット、そして編集者のティム・ダガンの支援が得られたのはすこぶる幸運なことだった。

本書はウィーンで書きはじめ、クラスノグルダで修正を加えたが、完成したのはコネティカット州ニューヘイブンだった。学部生のデクラン・クンケルが企画した講演でイェール大学の学部生と討論するために準備をしていたとき、本書の骨格をなす「必然性」と「永遠」という概念に思い至った。イェール大学の歴史学部、ジャクソン・インスティテュート、そしてマクミラン・センターには、思索し執筆するのに理想的な環境を用意してくれたことに感謝する。さらに非凡なアシスタント、サラ・シルヴァースタインが提供してくれた知的環境と後方支援のおかげで、三年がかりのこの仕事をやり遂げることができた。コネティカット大学の歴史学者としてキャリアを積む彼女の幸運と成功を祈っている。

素晴らしい一連の研究者たちにも支援を賜った。トーリー・バーンサイド・クラップ、マックス・ランダウ、ジュリー・レイトン、オーラ・モアヘッド、アナスタシア・ノヴォトルスカヤ、デヴィッド・シャイマー、マリア・チェチェリウクに感謝する。また友人や同僚たちがありがたくも草稿に目を通してくれた。ドウェイン・ベッツ、スーザン・ファーバー、ヨーク・ヘンスゲン、ディーナ・カパエヴァ、ニコライ・コポソフ、ダニエル・マルコヴィッツ、パヴェウ・ピェニオンジェク、アントン・シェホフツォフ、ジェイソン・スタンリー、ウラジーミル・ティスマナーノ、そしてアンドレアス・ウムラントに感謝したい。オクサーナ・ミカエヴナは、ウクライナ東部で戦うウクライナの分離主義者とロシアの義勇兵のインタビュー記録の使用を許してくれた。マックス・トゥルドルボフとイワン・クラステフから得た着想が、のちに本書の第1章と第2章になった。ポール・ブシュコーヴィチは寛大にもロシアにおける継承の歴史についての発想を披瀝してくれたし、イザベラ・カリノフスカはロシアの現代文化と古典文化のつながりを理解する手助けをしてくれた。ナタリア・グメニュクとクリスティン・ハドリー・スナイダーからは、二人の出会いによって、ウクライナ人とアメリカ人の興味の対象にはつながりがあることを教わった。

私の博士論文の指導教授だったイェジ・イェドリツキ（一九三〇年―二〇一八年）がいなければ、私は本書を執筆する歴史家になってはいなかっただろう。本書の最後の部分を書いているときに彼は亡くなった。彼は二〇世紀の暴政における最悪の時期を生き延び、分析に徹し道義に則る東ヨーロッパ歴史学の範となった。ポーランドにおいて、またほかのどこにおいても、本書で必然性の政治と呼ぶものとはいっさい無縁の数少ない人間だった。ワルシャワにある彼の部屋で本書について語り合えないのが悲しくてたまらない。

マーシ・ショアにはたくさんの恩恵を被っていて、それは日を追うに連れ増している。本書でのそれは主としてフィロソフィカルなものだ。

本書とその至らぬ点に対しての責任は、すべて私にある。

訳者あとがき

ベルリンの壁崩壊から三〇年の記念日（二〇一九年一一月九日）にこれを記します。
なお、あとがきに出てくる拙訳については、副題を含めて文末に刊行順に並べます。

本書『自由なき世界』は世界的な大ベストセラー、Timothy Snyder, *The Road to Unfreedom: Russia, Europe, America* (New York, 2018) の全訳である。刊行は長いアメリカの大統領選挙戦が始まってからになるので、下巻第6章あたりから読んでいただきたい気もする。

＊

ティモシー・スナイダーさん（イェール大学教授）は忙しい男である。世界中で講演やインタビュー、シンポジウム、あるいはいくつもの国の紙誌への寄稿……。ときおり東ヨーロッパのどこかに隠れて執筆に没頭したりするが、まさに東奔西走の日々である。

ティモシー・スナイダーさんは寛大な男である。二〇一七年一月に初来日した。桑名映子さん（聖心女子大准教授）が中心となっての招聘で、聖心女子大学と東京大学での講演のための来日であったが、慶應義塾大学でも講演をと無理をお願いしたところ、なんとか日程を合わせてくれた。さらに図に乗って、盛会に終わった講演の全録を慶應義塾の機関誌『三田評論』（二〇一七年七月号）に一二頁にわたって掲載する許可も得た。

なぜ冒頭にこんなことを記すのかというと、本文の翻訳が終わって原註の訳という時期にさしかかっているというのに、日本語訳の題名を決めるのに、編集の上村和馬さんともども難儀していたのである。いかんせん「アンフリーダム」という造語がネックであった。二桁もある候補からいっそ原著者に決めてもらおうとスナイダーさんにメールを送った。今日一一月九日は「ベルリンの壁崩壊」から三〇年。記念の式典だのシンポジウムだののためにヨーロッパに出かけ、ヴィリニュス（リトアニア）からタリン（エストニア）に回ったところのようだ。クイックレスポンスによって、たった今この邦題に決めた。

＊

初来日の際に、スナイダーさんから「やむにやまれぬ思いから認《したた》めた薄い本を近々刊行しますよ」と聞かされた。わが国におけるスナイダー作品の紹介となった『赤い大公』、そして『ブラックアース』の拙訳二冊、それに『ブラッドランド』と都合三冊が日本語訳されていたが（ほかにトニー・ジャットとのダイアローグも）、未訳のものも含めて、スナイダーさんのそれまでの作品はどれも重厚なものだった。へーえ、そのスナイダーさんが「パンフレッティーア」の系譜に連なるのかと思った。それが、たいへんなベストセラーとなった *On Tyranny: Twenty Lessons from the Twentieth Century* (New York, 2017) であり、原著刊行からそう時を経ずして拙訳を刊行した。

訳者にとっては、これまた原著刊行からそう時を経ずしての刊行であったタナハシ・コーツの『世界と僕のあいだに』——原著は全米図書賞受賞作の Ta-nehisi Coates, *Between the World and Me*, New York, 2016——に引き続いての刊行となったが、トランプ大統領就任の年である二〇一七年に訳書を送り出したどちらの作品も、トランプという存在そのものからしてフェイクな大統領の登場を理解するうえにおいても貴重なものだったと思う。スナイダーさんの方の訳書はほぼ原題のままの題名で『暴政——20世紀の歴史に学ぶ20のレッスン』。なるほど古風に言えば「袖珍版」で一四四頁の薄いものだが、示唆に富む重要な書である。いちいちは述べる余裕がないが、我々が警戒すべきこと、教訓とすべきことがそれこそいくつもあることを教えてくれた (http://www.keio-up.co.jp/kup/gift/bousei.html)。

『週刊朝日』の「ベストセラー解読」コーナーの永江朗さんの『暴政』の書評から、ここでは冒頭の部分を引用させていただこう。「ティモシー・スナイダーの『ブラックアース』は衝撃的だった。ホロコースト（ユダヤ人大虐殺）の現実を暴いたからだ。殺戮はドイツ国内で起きたと思われがちだが、犠牲者の97パーセントは当時のドイツ国外にいた。そして、殺戮に手を貸したのは一般市民だった。つまりぼくたちは、状況次第でいつでも虐殺者になりうる」。

*

その二冊に次いで刊行した拙訳が、スナイダーさんが『暴政』でも取り上げ、また翻訳を勧めてくれ、「日本語版への序文」も寄せてくれたPeter Pomerantzev, *Nothing is True and Every thing is Possible: The Surreal Heart of the New Russia*, 2015.（英国王立文学協会オンダーチェ賞受賞作）であり、二〇一八年ロシア大統領にプーチンが四選されるのと同時期に刊行したが、邦題はピーター・ポマランツェフ『プーチンのユートピア』である。二一世紀に入ってからのロシア社会の実相を描き、またプーチンやスルコフの実像やオリガルヒの生態を暴いてこれほど面白い作品はないというお墨付きだったが、まさにそのとおりであった。本書『自由なき世界』でも引用が本文・原註ともにいくつもの箇所で顔を出す。『プーチンのユートピア』のある書評で「訳者はずいぶん皮肉な題名をつけたものだ」とコメントをいただいたが、たしかにジャンルとしてはディストピアもの、ただし「ノンフィクション」の傑作であった。

オリガルヒは、ロシアや他の旧ソ連諸国だけのものではない。トランプとアメリカの現状を扱った第6章の章題が「平等か寡頭政治《オリガーキー》〔少数の超富裕層による支配〕か」であることにも表されているが、アメリカ社会の富の偏在化もまた負けていない。税の逆累進化、（なんと憲法修正第一条の「言論の自由」で保証されているということから）選挙への企業献金が青天井になったこと、いっそう酷くなるレイシズムなどで格差は急速に拡大し、二〇一二年にはアメリカ社会の人口の一〇〇〇分の一が国富の約二二%を自分のものとするに至っている（一九七八年には七%だった）。
スナイダーさんの『暴政』の「エピローグ　歴史と自由」には、ディストピアに到る段階として使用される、「必然性の政治」（politics of inevitability）と「永遠の政治」（politics of eternity）という耳慣れぬ、しかし魅力的な概念が現れる。ただ、紙幅の関係で深化されていない憾みがあった。それを果たしたのが本書である。本書には他にも「サドポピュリズム」（sadopopurism）、「スキゾファシズム」（schizofascism）などのやはり魅力的な概念が現れる。原題にも入っている「自由なき世界」（unfreedom）も含めて、すべてスナイダーさんの造語と理解している。

*

訳者は八月末にオペを受けるため入院した。香港の抗議活動の映像が流れてくる。ツイッターで追う。おやっと思う。『暴政』の中国語訳からとったレッスンがプラカードに貼られ、それを抗議者たちが掲げている。いやおうなく、本書の「第4章　新しさか永遠か」で感動的に描かれている、二〇一三年から一四年にかけての冬にウクライナで起きた「マイダン革命」が思い出された（警察機動隊《ベルクト》の前に立ち向かう市民たち——多様な宗教の聖職者まで含めて——の姿をとらえたドキュメンタリー『ウインター・オン・ファイアー』（二〇一五年公開）はタイヤの煙、催涙弾、流れる血をはじめさまざまな臭いがするような臨場感を味あわせてくれる）。マイダン革命はソ連解体・ウクライナ独立から二二年目から二三年目にかけての冬の三ヶ月だった。二二年のあいだにアンシャン・レジームを知らない世代が育っていたし、彼らの抵抗を支えるそうした若い世代を守ろうというらねりがあった（ちなみに、スナイダーさんの評伝の見本のような面白さを持つ『赤い大公』は各章の表題を色で表していたが、最終章の「オレンジ」は、二〇〇四年のウクライナの「オレンジ革命」を扱っていた。一方、香港の「雨傘革命」は、マイダン革命終息より七ヶ月後に始まったのだった）。そして今回の香港も、一九九七年のイギリスの撤退から二二年である。訳者はいわゆる全共闘世代だが（さすがにこじつけめくが、全共闘運動も戦後二三年経ってからだった）、学生運動にはまったくコミットする気が起きなかった。今思えば、カルチェ・ラタンをはじめ世界中に広がった運動で、影響を及ぼしてきたものは多かったが、そのうちの大きなものとしてあった「文化大革命」というものに不信を感じていたためだろう（これは北京べったりの日本メディアに批判的で、広東や香港を拠点とする華僑研究者の可児弘明氏が身近にいたことの影響が大きかった）。

＊

閑話休題、旧友と家人という二人の医師にはまたまた文句を言われそうだが、徹宵してモニターを眺める日々を迎えざるをえまいと臍《ほぞ》を固めた。つねに「対となる概念」を用い（章題にまでそれは表れていよう）、きわめて論理的で、かつまことに多彩なエピソードに富む（いったいどれを例に挙げればよいのか……発生時には不可思議な思いで眺めていたマレーシア航空機撃墜事件についてのロシア政府の一日に四つも繰り出される「筋書き」などはシュールな次元である。「第5章　真実か嘘か」の三二頁から三五頁まで)、説得力のある書である。徹夜でモニターを眺めたり参考書を繙いたりし、仕事部屋から朝の富士山の姿を探しながら仮眠を取る毎日になった。「陰謀論」など訳者の性には合わないが、「第6章　平等か寡頭政治《オリガーキー》か」で詳述されているトランプ大統領がロシアの「創造物」であることなども、アメリカ人の研究者の知人(四〇代の彼は、以前は共和党(GOP)支持者だった)によると、アメリカの半分の人間にとっては「常識」と言う。このあとがきを認《したた》めている一一月九日現在でも今度は「ウクライナ疑惑」でトランプのインピーチメントの可能性が論ぜられている。インピーチメントが上院で決せられる可能性はしごく低いだろうが、これほど腐臭を放っている大統領も、そしてそれを恬として恥じずむしろ攻撃に変える政治手法も初めてではと感ぜられる。そのあたりは師匠のプーチンともども前述の「スキゾファシズム」や「サドポピュリズム」という概念を導入して本書中で解剖されている。サイバー攻撃、ツイッターによる政敵攻撃、有権者登録における妨害、ゲリマンダリング、投票後の不正操作などなどあらゆる手を使って、トランプは最低限の品位を装うことさえせず再選されるつもりであろう。

*

つい先日も、これは中国人の研究者の知人(五〇代、上海出身)と話していて、「日本には五一番目の州となるという言い方が昔からあるよ」と言ったら、彼女に「五六番目の少数民族には」と悪戯っぽく言われた。「必然性の政治」が破綻して「永遠の政治」に移行しつつあるかに見えるわが国である。前述の永江朗さんの書評のこんどは最後の部分を引用しておこう。「トランプやプーチンがいなくても、日本だって五十歩百歩の状況ということだ。歴史に学ばぬ者は、また誤る」。「時間意識」を取り戻すこと、それはすなわち「歴史の復権」ということだが、健全な継承原理を機能させ、「責任の政治」(「エピローグ」の一七四頁から一七五頁)でもって歴史をつくってゆきたいものである。

池田年穂

あとがき中の拙訳一覧(刊行順)

『赤い大公――ハプスブルク家と東欧の20世紀』(ティモシー・スナイダー、二〇一四年)
『ブラックアース――ホロコーストの歴史と警告』上下巻(ティモシー・スナイダー、二〇一六年)
『世界と僕のあいだに』(タナハシ・コーツ、二〇一七年)
『暴政――20世紀の歴史に学ぶ20のレッスン』(ティモシー・スナイダー、二〇一七年)
『プーチンのユートピア――21世紀ロシアとプロパガンダ』(ピーター・ポマランチェフ、二〇一八年)

追記

年が明けての追記となりました。最初に記します。ふたりのミューズ、池戸尚子さん、西川美樹さんの励ましには、御礼の申し上げようもありません。駑馬に鞭打つことができたのは、偏《ひとえ》におふたりのおかげです。西川さんとは、パメラ・ロトナー・サカモトさんというユダヤ系アメリカ人研究者が日系二世ハリー・フクハラの生涯を描いた *Midnight in Broad Daylight*, 2016. の共訳が今夏刊行される予定です。翻訳家としての力量と真摯な姿勢には感心させられます。

以下の方々に感謝します。ウクライナ語・ロシア語の読みなどについては、ウクライナ南部ヘルソン市のロシア語話者の家庭で育った、カテリナ・カシヤネンコさんからお知恵を借りました。日本語も完璧な才媛です。ただ、こうした地域を扱った書物の翻訳の宿命でもありますが候補が多すぎますし、また日本語の文献やメディアでの慣用法などもあります。原音主義に徹することが難しかったことについてはご理解ください。コーポラティズム、シヴィル・ソサエティなど複数の概念については、若い頃からの親しい友人である向井清史君（元名古屋市立大副学長）に説明してもらいました。同様に航空機関係では、一〇代半ばからの親しい友人の内山康晶君（元日本航空）からいろいろサジェスチョンを貰いました。また、翻訳に伴うリサーチの一部は池田詩穂が担当しました。

奇しくも訳者は、一九八九年の壁の記念日（八月一三日）を挟んで、その頃はツーリストにとっては退屈なベルリンに一〇日間もいました。ドイツのクルド人やパレスチナ人とのディスカッションが目的でしたが、よもや三ヶ月もしないうちに壁が崩壊するとはその時点では思いもしませんでした。

映画好き、小説好きな訳者ですが、本書中のニキータ・ミハルコフの『サンストローク』（「第2章継承か破綻か」の八六頁）は、実は面白く観ていました。この監督のイデオロギーはさておき、作品自体は嫌いでないのです。「プロローグ」や「第5章　真実か嘘か」で取り上げられているカティンの森事件についてはアンジェイ・ワイダの『カティンの森』も観ていました。一〇代からワイダのほとんどの作品を観ていますが、この監督の父親もカティンの森での犠牲者だったようです。

また、オピオイド禍（「第6章」で詳述されます。一五二頁から一五五頁）についてのルイ・セローのドキュメンタリーをはじめ、本書で取り上げられているテーマを扱った番組や映画も多数観ていました。なかに「雨傘革命」を扱ったドキュメンタリーの『ジョシュア　大国に抗った少年』もありました。そうそう、若い頃のトランプが父親を超えようとブルックリンからマンハッタンに進出する……その手法はともかく、結構ハンサムであったことにも驚かされました。

雑誌・新聞の記事、ツイッターなどはいちいち挙げることもできません（ついでに言えば、訳者はスナイダーさんのだけでなくトランプのツイッターのまことに熱心でないフォロワーでもあります）。前記『ウインター・オン・ファイアー』も一〇〇分ほどもあるドキュメンタリーで、九二日間よくぞまあ撮っていたという場面が続きます。八二日目、戦場のようなマイダンの束の間の平穏のなか、抗議者の若い女性が寒空のもとショパンの「革命」をピアノで弾くシーンには心を揺さぶられました。スナイダーさんが原著の献辞を「我らが時代の英雄、報道記者たちへ」としたのも肯けます。

マイダン革命と言えば、スナイダーさんからは、夫人のマーシ・ショアさん――イェール大学准教授、本書「プロローグ」に出てくるウィーンの産科病棟にいた奥方です――のそれを扱った *The Ukrainian Night*（New Haven, 2018）の翻訳も依頼されていることを付け加えておきます。

自由なき世界（下）
——フェイクデモクラシーと新たなファシズム

2020年3月20日　初版第1刷発行

著　者————ティモシー・スナイダー
訳　者————池田年穂
発行者————依田俊之
発行所————慶應義塾大学出版会株式会社
〒108-8346　東京都港区三田2-19-30
TEL〔編集部〕03-3451-0931
〔営業部〕03-3451-3584〈ご注文〉
〔　〃　〕03-3451-6926
FAX〔営業部〕03-3451-3122
振替　00190-8-155497
http://www.keio-up.co.jp/
装　丁————耳塚有里
組　版————株式会社キャップス
印刷・製本——中央精版印刷株式会社
カバー印刷——株式会社太平印刷社

Printed in Japan　ISBN 978-4-7664-2666-3

［著者］

ティモシー・スナイダー（Timothy Snyder）

1969年オハイオ州生まれ。イェール大学歴史学部教授。オクスフォード大学でPh.D.を取得。専攻は中東欧史、ホロコースト論、近代ナショナリズム研究。邦訳されている著書として『赤い大公――ハプスブルク家と東欧の20世紀』『ブラックアース――ホロコーストの歴史と警告』『暴政――20世紀の歴史に学ぶ20のレッスン』（いずれも慶應義塾大学出版会、2014年、2016年、2017年）、『ブラッドランド』（2015年）、インタビュアーを務めたトニー・ジャットの遺著『20世紀を考える』（2015年）がある。2017年1月に初来日し、慶應義塾大学、東京大学などで講演を行った。ブラウン大学を卒業しオクスフォード大学に転じた1991年にソ連崩壊を経験したため、英独仏語だけでなくスラブ諸語の一次史料をも自在に活用する学風は、ホロコースト論でも新境地を開いたと高く評価されている。ハンナ・アーレント賞をはじめ多彩な受賞歴を誇る。また、ウクライナ情勢の信頼できる解析者であるだけでなく、世界に蔓延するフェイクデモクラシーへの批判をさまざまなメディアを通じて発信しており、アメリカでもきわめて大きな影響力を持つオピニオンリーダーの一人と目されている。

［訳者］

池田年穂（いけだ としほ）

1950年横浜市生まれ。慶應義塾大学名誉教授。ティモシー・スナイダーの日本における紹介者として、本書のほかに『赤い大公』『ブラックアース』『暴政』（2014年、2016年、2017年）を翻訳している。タナハシ・コーツ『世界と僕のあいだに』（2017年）、マーク・マゾワー『国連と帝国』（2015年）、ピーター・ポマランツェフ『プーチンのユートピア』（2018年）など多数の訳書がある（出版社はいずれも慶應義塾大学出版会）。

索　引

英数字

ア 行

カ 行

サ 行

タ 行

ナ 行

ハ 行

マ 行

ヤ 行

ラ 行

ワ 行

原　註
（第5章・第6章）

第5章　真実か嘘か（2015年）

＊1　スルコフの小説からの引用は次を参照。Natan Dubovitsky〔Vladislav Surkov〕, "My ischeznem, kak tol'ko on otkroet glaza. Dolg obshchestva i vash, prezhde vsego—prodolzhat' snitsia emu," *Okolonolia,* Media Group LIVE, Moscow 2009. 以下も参照。Peter Pomerantsev, "The Hidden Author of Putinism," *The Atlantic,* Nov. 7, 2014; "Russia: A Postmodern Dictatorship," Institute of Modern Russia, 2013, 6. そして「とびきりのもの」として、Pomerantsev, *Nothing Is True.*

＊2　Vladislav Surkov, "Russkaia politicheskaia kul'tura. Vzgliad iz utopii," *Russkii Zhurnal,* June 15, 2007.

＊3　Maksim Trudoliubov and Nikolai Iepple, "Rossiiskoe obshchestvo ne vidit sebia," *Vedomosti,* July 2, 2015. グレブ・パブロフスキー〔ソ連時代には反体制派として逮捕されている〕は現在のロシアと以前のソヴィエトの慣行とを対照している。スターリン時代には見世物裁判で描かれる陰謀は作り話にそれていったし、いくつかのきわめて劇的な場合には反ユダヤ主義にそれていった。次を参照。Snyder, *Bloodlands.* 以下も参照。*Proces z vedením protistátního spikleneckého centra v čele s Rodolfem Slánským*（Prague: Ministerstvo Spravedlnosti, 1953）; Włodzimierz Rozenbaum, "The March Events," *Polin,* vol. 21, 2008, 62–93; Dariusz Stola, "The Hate Campaign of March 1968," *Polin,* vol. 21, 2008, 16–36. アレクセイ・ヴォーリンについては、Masha Gessen, "Diadia Volin," *RFE/RL,* Feb. 11, 2013. ロシア人の9割、については、Levada Center, "Rossiiskii Media Landshaft," June 17, 2014. チャンネル1の予算については、Peter Pomerantsev, "Unplugging Putin TV," *Foreign Affairs,* Feb. 18, 2015.

＊4　RTのゲストの例については、Peter Pomerantsev and Michael Weiss, "The Menace of Unreality: How the Kremlin Weaponizes Information, Culture, and Money," Institute of Modern Russia, Nov. 22, 2014, 15. プーチンの発言の引用は、Margarita Simonyan interview, RT, June 12, 2013.「客観的な報道なんてものは存在しないさ」については、"Interv'iu/Margarita Simon'ian," *RNS,* March 15, 2017. 以下も参照。Peter Pomerantsev, "Inside Putin's Information War," *Politico,* Jan. 4, 2015; Peter Pomerantsev, "Inside the Kremlin's hall of mirrors," *TG,* April 9, 2015. RTの資金助成については、Gabrielle Tetrault-Farber, "Looking West, Russia Beefs Up Spending in Global Media Giants," *Moscow Times,* Sept. 23, 2014.「まだ質問がありますよ《クエスチョン・モア》」というRTのスローガンは、アメリカのPR会社が生み出した。

＊5　参考までに次を参照。Pomerantsev, *Nothing Is True,* 73, 228.

＊6　引用は次から。Peter Pomerantsev, "Inside Putin's Information War," *Politico,* Jan. 4, 2015.

＊7　ギルキンとボロダイについては〔ギルキンはこの段落では出てこないが2014年1月22日から2月4日にかけてキエフに滞在している〕次を参照。Sokolov-Mitrich and Leibin, "Ostavit' Bogu mesto v istorii"; "Profile of Russian Tycoon's Big New Christian TV Channel," *FT,* Oct. 16, 2015; Mitrokhin, "Transnationale Provokation, 158, and "Infiltration," 3–16; "Russian ultra-nationalists come to fight in Ukraine," *StopFake,* March 8, 2014; "After Neutrality Proves Untenable, a Ukrainian Oligarch Makes His Move," *NYT,* May 20, 2014.

＊8　「サーベルをがちゃつかせる」については、Kurczab-Redlich, *Wowa,* 671. 制服については、"Vladimir Putin answered journalists' questions on the situation in Ukraine, March 4, 2014," Kremlin, 20366. 部隊を送った時期については、Thomas Gutschker, "Putins Schlachtplan," *FAZ,* July 9, 2014.

＊9　Clover, *Black Wind, White Snow,* 19.

＊10　「異星人《リトルグリーンマン》」については、Miller et al., "An Invasion by Any Other Name," 10, 12, 27, 30, 45, 47; Bebler, "Crimea and the Russian-Ukrainian Conflict," 35–53. エカテリーナ・セルガツコーヴァの指摘は、*Voina na tri bukvy,* 24.

＊11　リー・アトウォーターのインタビュー全文と背景については、Rick Perlstein, "Lee Atwater's Infamous 1981 Interview on the Southern Strategy," *The Nation,* November 13, 2012.

＊12　Simon Shuster, "Putin's Confessions on Crimea Expose Kremlin Media," *Time,* March 20, 2015. プーチンのこのやり方は、ロシアがドンバス地方に侵攻した際にも繰り返されることになる。次を参照。Shaun Walker, "Putin admits Russian military presence in Ukraine for first time," *TG,* Dec. 17, 2015.

＊13　"Vladimir Putin answered journalists' questions on the situation in Ukraine, March 4, 2014," Kremlin, 20366.

＊14　制服の記章をとるのは、ロシア兵と彼らの両親や妻たちのあいだの最後のコミュニケーションでしばしば取り上げられた話題である。例として以下を参照。Elena Racheva, " 'On sam vybral etu professiiu. Ia sama vybrala ego. Nado terpet'," *NG,* Aug. 30, 2014.

＊15　"Vladimir Putin answered journalists' questions on the situation in Ukraine, March 4, 2014," Kremlin, 20366.

＊16　Sherr, "A War of Perception." プーチンが「ノヴォロシア」を持ちだしたことについては、"Direct Line with Vladimir Putin," April 17, 2014, Kremlin, 20796.

＊17　ドゥーギンが3月3日に「ノヴォロシア」について喧伝していることについては、Clover, *Black Wind, White Snow,* 13.

＊18　Mitrokhin, “Infiltration.”

＊19　GRUの兵士の発言の引用は次から。Pavel Kanygin, “Bes, Fiks, Roman i goluboglazyi,” *NG,* April 17, 2014. ロシア兵の存在については次を参照。Pieniążek, *Pozdrowienia z Noworosji,* 72, 93. 以下にあるギルキンへのインタビューヴィデオなども参照。Girkin of April 26, 2014: “Segodnia otkryl litso komanduiushchii otriadom samooborony Slavianska Igor' Strelkov,” www .youtube.com/watch?v=8mGXDcO9ugw, and the recollections of the population in Olha Musafirova, “Po leninskim mestam,” *NG,* Oct. 2014; Iulia Polukhna, “Dolgaia doroga v Lugansk,” *NG,* Oct. 21, 2014. ボロダイの説明の引用は次から。Kanygin, “Aleksandr Borodai.”

＊20　Czuperski et al., “Hiding in Plain Sight,” 4–6; Miller et al., “An Invasion by Any Other Name.”

＊21　イーホリ・コロモイスキーについては、Pieniążek, *Pozdrowienia z Noworosji;* “Ukraine's Catch 22 Over Its Oligarch Class,” *Johnson's Russia List,* March 25, 2015.「ロシアの国旗がハルキウの空につかのま掲げられた」については、“Protestors raise Russian flag in two east Ukrainian cities,” Reuters, March 1, 2014. オデッサ州庁舎攻撃については、Oksana Grytsenko, “Pro-Russia groups take over government buildings,” *TG,* March 3, 2014; Charles King, “Forgetting Odessa,” *Slate,* May 8, 2014; Mitrokhin, “Infiltration.”

＊22　オデッサの情勢については、Ekaterina Sergatskova's journalism from the May 3, 2014, Russian edition of *Ukrains'ka pravda* and Artiom Chapai's May 5 account from *Insider* are reprinted in *Voina na try bukvy,* 64–68, 77–84. 以下も参照。Natalia Zinets, “More than 40 killed in fire, clashes in Ukraine's Odessa,” Reuters, May 2, 2014; Howard Amos and Harriet Salem, “Ukraine clashes,” *TG,* May 2, 2014.

＊23　Prokhanov, “Odinnadtsatyi stalinskii udar.”

＊24　ヴォストーク大隊については次を参照。Ekaterina Sergatskova's coverage in the June 2, 2014, Russian edition of *Ukrains'ka Pravda,* reprinted in *Voina na tri bukvy,* 117. 以下も参照。James Sherr, “A War of Perception,” in Keir Giles et al., eds., *The Russian Challenge*（London: Chatham House, 2015）; James Rupert, “Russia Allows—or Organizes—Chechen Fighters to Reinforce the Secessionist War in Ukraine,” *New Atlanticist,* May 30, 2014. ギルキンの発言の引用は次から。Sherr, “A War of Perception.”

＊25　Maria Turchenkova, “Gruz 200,” *Ekho Moskvy,* blog, June 4, 2014. ロシア連邦からの義勇兵の動機については次を。Russian separatist interviews（K）and（L）.

＊26　Elena Kostiuchenko, “ ‘Vash muzh dobrovol'no poshel pod ostrel',” *NG,* June 17, 2014. 息子をシリアで死なせたロシアの家族も同様の問題に直面した。次を参照。Maria Tsvetkova, “Death certificate offers clues on Russian casualties in Syria,” Reuters, Oct. 27, 2017.

＊27　*Voina na tri bukvy,* 117; Serhyi Kudelia, “The Donbas Rift,” *Russian Politics and Law,* vol. 54, no. 1, 2016, 20. ホダコフスキーの発言の引用は次から。“Komandir batal'ona

'Vostok': Kiev schel, chto dlia nego region poterian," RIA.ru, June 4, 2014.

＊28　ギルキンとのインタビューは次を参照。Alekander Chalenko, *Politnavigator,* Dec. 1, 2014. 以下も参照。Alekander Prokhanov, interview with Girkin, "Kto ty, Strelok?" *Zavtra,* Nov. 20, 2014; "Igor' Strelkov: Ia sebia s Zhukovym ne sravnivaiu, no, kak i on, shtabnoi raboty ne liubliu," politnavigator.net, Dec. 1, 2014. 戦術的な位置の変更については次を参照。Michael Weiss, "All is not well in Novorossiya," *Foreign Policy,* July 12, 2014.

＊29　「ある調査」については、Kudelia, "Donbas Rift," 20.「自己防衛」は、イデオロギー上の見解も表明する者たちも含めて分離主義者たちとのインタビューのテーマであった。次を参照。Separatist interviews（B）and（V）. 後者も子どもたちと砲撃について語っている。もちろん例外はあったことは次を参照。"Varyag: Moe mirovozzrenie sformirovali trudy Dugina," evrazia.org, Nov. 19, 2015.

＊30　Separatist interview（V）.

＊31　"Vladimir Antiufeev—novyi glava gosbezopasnosti DNR," politikus.ru, July 10, 2014; Irene Chalupa, "Needing Better Control in Ukraine War, Moscow Sends in an Old KGB Hand," *New Atlanticist,* July 17, 2014.

＊32　引用は次のインタビューから。Pavel Kanygin, " 'Pridnestrovskii general' Vladimir Antiufeev, stavshii liderom DNP: 'Slabaki! Ispugalis' sanktsii! Gde klad, tam i serdtse'," *NG,* Aug. 15, 2014. 英語での抜粋は次を参照。"Rebel Leader Blames Ukrainian War on Masons," *Moscow Times,* Aug. 15, 2014.

＊33　Kanygin, " 'Pridnestrovskii general' Vladimir Antiufeev."

＊34　同上。

＊35　Evgenii Zhukov, Facebook Post, July 11, 2014.

＊36　ヴァジーム・グリゴリエフの投稿は次を。"Rossiia obstrelivaet Ukrainu s svoei territorii," *Novoe Vremia,* July 23, 2014. ロシア側からの砲撃については、Sean Case, "Smoking GRADs: Evidence of 90 cross-border artillery strikes from Russia to Ukraine in summer 2014," mapinvestigation.blogspot.com, July 16, 2015; "Origin of Artillery Attacks on Ukrainian Military Positions in Eastern Ukraine Between 14 July 2014 and 8 Aug. 2014," *Bellingcat,* Feb. 17, 2015.

＊37　Elena Racheva, "Pogranichnoe sostoianie," *NG,* Aug. 11, 2014.

＊38　同上。

＊39　Natalya Telegina, "Kak by voina. Reportazh s ukrainskoi granitsy," *Dozhd',* Aug. 5, 2014. ギルキンが「責任を認めた」ことについては次のインタビューから。Alekander Prokhanov, interview with Girkin, "Kto ty, Strelok?" *Zavtra,* Nov. 20, 2014.

＊40　「磔の作り話」（cruci-fiction）については、"Bezhenka iz Slavianska vspominaet, kak pri nei kaznili malen'kogo syna i zhenu opolchentsa," PK, July 12, 2014, 37175.「磔の作り話」の受け止められ方については、"Aleksey Volin o siuzhete "Pervogo kanala"

pro raspiatogo mal'chika," www .youtube.com/watch?v=7TVV5atZ0Qk, July 15, 2014.

＊41　ドゥーギンの元々の投稿については次から。www.facebook.com/alexandr.dugin/posts/811615568848485.

＊42　兵器については、Miller et al., "An Invasion by Any Other Name," 5–65. 以下も参照。NATO Allied Command Operations, "NATO Releases Imagery: Raises Questions on Russia's Role in Providing Tanks to Ukraine," June 14, 2014.

＊43　Michael Weiss and James Miller, "How We Know Russia Shot Down MH17," *DB*, July 17, 2015; Miller et al., "An Invasion by Any Other Name," 17–34.

＊44　ロシア軍の分遣隊については、"Pre-MH17 Photograph of Buk 332 Discovered," *Bellingcat*, June 5, 2017; Wacław Radzino wicz, "Donbas, Syria, zestrzelony boeing," *GW*, May 31, 2017. 179.

＊45　ミサイルがロシアのブク発射台からであることを裏づけるさらなる詳細を知るには次を参照。Bellingcat Investigation Team, "MH-17," 3–16, 36–44, sic passim, www.bellingcat.com/tag/mh17/; Weiss and Miller, "How We Know." ギルキンが誇らしげに語ったことについては、web.archive.org/ web/20140717152227/http://vk.com/strelkov_info. ホダコフスキーなどについては、Pieniążek, *Pozdrowienia z Noworosji*, 199, 210. 次も参照。"Aleksandr Khoda-kovskii: Ia znal, chto 'Buk' shel iz Luganska," echo.msk.ru, July 12, 2014. 180.

＊46　ヴィタリー・チュルキン国連大使の「混乱」については、Weiss and Miller, "How We Know." 2017年現在でもオランダ安全委員会はロシア軍高官と思われる2人の男についての情報を求めている。"Russian Colonel General Identified as Key MH17 Figure," *Bellingcat*, Dec. 8, 2017. 作り話のヴァリエーションは本章原註＊47から＊49に当たる段落で取り上げられている。

＊47　"Istochnik: ukrainskie siloviki mogli pereputat' malaiziiskii 'Boing' s samoletom Putina," *NTV*, July 17, 2014, 1144376; "Minoborony: Riadom s 'boingom' letel ukrainskii shturmovik," life.ru, July 21, 2014, 137035; "Veroiatnoi tsel'iu sbivshikh malaiziiskii 'Boing' mog byt' samolet Prezidenta Rossii," PK, July 18, 2014, 37539; "Reports that Putin flew similar route as MH17," RT, July 17, 2014, 173672. 181.

＊48　"Dispetchery vynudili Boeing snizitsia nezadolgo do krusheniia," *TVC*, July 18, 2014, 45179; "Neverov: Kolomoiskii mog otdavat' prikazy dispetcheram po Boeing," *TVC*, July 23, 2014, 45480; "Fizionomist: Ochevidno, chto Kolomoiskii znaet, kto sbil 'boing'," life . ru, Oct. 22, 2014, 3329. 181.

＊49　"Dispetcher: riadom s Boeing byli zamecheny dva ukrainskikh istrebitelia," *Vesti*, July 17, 2014, 1807749. 第3の筋書きについては、"V silovykh strukturakh Ukrainy est' versiia, chto Boeing sbili na ucheni-iakh," ria.ru, July 7, 2014, 20140725. 第4の筋書きについては、"Igor' Strelkov: chast' liudei iz Boinga umerli za neskol'ko sutok do katastrofy," Rusvesna.su, July 18, 2014. 181.

*50　Sergei Lavrov, interview, *Rossiiskaia Gazeta,* Aug. 26, 2014. 182.

*51　"Rassledovanie Katastrofy 'Boinga,' " Levada Center, July 27, 2015. 182.

*52　ヴィデオは次で視聴可能と思われる。"Bike Show—2014. Sevastopol," June 15, 2015, https://www.youtube.com/ watch?v=8K3ApJ2MeP8. 183.

*53　ロシア人はドイツ占領時代、もちろん無垢ではなかった。彼らは他のソヴィエトの市民たちとほぼ同じようにドイツ人に協力した。論じているものとして次を参照。Snyder, *Black Earth.* 183.

*54　この段落と以降の段落に現れるプロハーノフの文章は、"Odinnadtsatyi stalinskii udar. O nashem novom Dne Pobedy," *Izvestiia,* May 5, 2014. プロハーノフは他のところではユーラシアを「黄金の女神」の地と描いている〔第4章註*71の段落も参照〕。"Zolotye bogini Evrazii," *Izvestiia,* June 2, 2014. 185.

*55　ソヴィエト・ウクライナのドイツ占領については、Karel C. Berkhoff, *Harvest of Despair*（Cambridge, Mass.: Harvard UP, 2004）.

*56　新兵採用係の話の引用と、一般的な知識を得るためには次を。"Glava fonda sverdlovskikh veteranov spetsnaza: 'Ia pomogaiu dobrovol'tsam otpravit'sia na Ukrainu,' " interview with Vladimir Efimov, Novosti E1.ru, Dec. 24, 2014. 以下も参照。Miller et al., "An Invasion by Any Other Name," 64. この時期について知るために読むのに値するものとして、Aleksei Levinson, "Mentalnaia iama," *NG,* June 4, 2014;Levada Center, "Rossiiskii Media Landshaft," June 17, 2014; Ekaterna Vinokurova, "Ischezaiuschchaia federalizatsiia," *Znak,* Aug. 25, 2014.

*57　動機とトラック〔前の段落の「標識のない白いトラック」〕については、Elena Racheva, "Tyl," *NG,* Aug. 2014.「はるか遠方から来た」については、Russian volunteer interview（K）.「心の声」については、Russian volunteer interview（L）. Global Sodom: Dmytro Fionik, "Pryhody Boha v Ukraini," in *Veni, vidi, scripsi: Istoriia nazhyvo*（Kyiv: Tempura, 2015）, 73. 義勇兵の徴募については次を参照。"Glava fonda sverdlovskikh veteranov spetsnaza." 義勇兵たちの横顔をもっと知るには次を参照。Walker, *The Long Hangover,* prologue, sic passim.

*58　部隊の増派については、Miller et al., "An Invasion by Any Other Name." 野営地については、Racheva, "Pogranichnoe sostoianie"; Racheva, "Tyl."

*59　踊っていたのは、については、Racheva, "Pogranichnoe sostoianie." 戦死したダゲスタン部隊の兵士たちについては、Ruslan Magomedov, "Gruz 200," *Chernovik,* Aug. 22, 2014.

*60　アントン・チュマーノフについては、Elena Racheva, "Drugoi raboty-to net," *NG,* Sept. 2014. 以下も参照。Parfitt, "Secret dead of Russia's undeclared war"; Konrad Schuller and Friedrich Schmidt, "Ein offenes Staatsgeheimnis," *FAZ,* Nov. 22, 2014. 第18独立自動車化旅団については、"Sovet po pravam cheloveka peredal Dozhdiu kopiiu obrashcheniia v SK s imenami propavshykh soldat," Dozhd', Sept. 2, 2014; Sergei Kanev,

"Lapochka iz Kushchevki," *NG,* Sept. 9, 2014; Evgenii Titov, "Stavropol'skaia pravozashchitnitsa, rasskazavshaia o pogibshikh v Ukraine voennosluzhashchikh, arestovana i dostavlena v Piatigorsk," *NG,* Oct. 19, 2014; Courtney Weaver, "Café encounter exposes reality of Russian soldiers in Ukraine," *FT,* Oct. 22, 2014.

＊61　引用は次から。Parfitt, "Secret dead of Russia's undeclared war." ソーシャルメディアへの投稿については、Racheva, "Drugoi raboty-to net."

＊62　引用は次から。Steven Rosenberg, "Ukraine Crisis: Forgotten Death of a Russian Soldier," BBC, Sept. 18, 2014.

＊63　ルファト・オロニイアゾフについては、Kanev, "Lapochka iz Kushchevki."

＊64　セルゲイ・アンドリアノフについては、Ivan Zhilin, "On otdal svoiu zhizn', a ego privezli ot tak . . ." *NG,* Nov. 21, 2014. Pskov funerals: Aleksei Ponomarev, "V Pskove proshli zakrytye pokhorony mestnykh desantnikov," *Slon,* Aug. 25, 2014. 以下も参照。"K poslednemu moriu," *Pskovskaia Gubernaia,* Sept. 12–13, 2014; and David M. Herszenhorn and Alexandra Odynova, "Soldiers' Graves Bear Witness to Russia's Role in Ukraine," *NYT,* Sept. 21, 2014. 第 137 パラシュート連隊とアンドリアノフについては、Ivan Zhilin, "On otdal svouiu zhizn', a ego privezli ot tak . . ." *NG,* Nov. 21, 2014.

＊65　Elena Racheva, "Bilet v odin konets," *NG,* Sept. 8, 2014.

＊66　Herszenhorn and Odynova, "Soldiers' Graves Bear Witness."

＊67　"Russia's 200th Motorized Infantry Brigade in the Donbass: The Tell-Tale Tanks," *Bellingcat,* July 4, 2016.

＊68　エフゲニー・トゥルンダエフと第200独立自動車化旅団については、"Russia's 200th Motorized Infantry Brigade in the Donbass: The Hero of Russia," *Bellingcat,* June 21, 2016. アイロバシクの決戦に加わったについては、"Russia's 6th Tank Brigade," *Bellingcat,* Sept. 22, 2015; Racheva, "Bilet v odin konets"; Miller et al., "An Invasion by Any Other Name," 7, 26–37; "The Battle of Ilovaisk," *TI,* Sept. 15, 2014.

＊69　Piotr Andrusieczko, "Lotnisko w Doniecku—ukraiński Stalingrad," *GW,* Oct. 3, 2014; Sergei L. Loiko, "Ukraine fighters, surrounded at wrecked airport, refuse to give up," *Los Angeles Times,* Oct. 28, 2014. Natalia Zinets and Maria Tsvetkova, "Ukraine's Poroshenko tells army not to give up Donetsk airport," Reuters, Dec. 5, 2014.「サイボーグ」と呼ばれたことについては、Miller et al., "An Invasion by Any Other Name," 8, 36. ウクライナの戦争捕虜の処刑については、Oleg Sukhov, "Russian fighter's confession of killing prisoners might become evidence of war crimes," *Kyiv Post,* April 6, 2015.

＊70　Il'ia Barabanov, "V pampasakh Donbassa," Kommersant.ru, Feb. 19, 2015.〔次の段落で出てくる〕バト・ダンバエフがシベリアからウクライナ間を往復したのを完全に確認するためには次を参照。Simon Ostrovsky, "Russia Denies That Its Soldiers Are in Ukraine, But We Tracked One There Using His Selfies," *Vice,* June 16, 2015. 第 200 独立自動車化旅団については、"Russia's 200th Motorized Infantry Brigade in the Donbass,"

Bellingcat, Jan. 16, 2016.

＊71　Barabanov, "V pampasakh Donbassa." プロパガンダへの態度については、Elena Kostiuchenko, "My vse znali, na chto idem i chto mozhet byt'," *NG,* Feb. 3, 2015.

＊72　ドルジー・バトムンクィエフについては、Kostiuchenko, "My vse znali."

＊73　Ruslan Leviev, "Three Graves: Russian Investigation Team Uncovers Spetsnaz Brigade in Ukraine," *Bellingcat,* May 22, 2015.

＊74　「ロシアの納税者を頼りにしている」ことについては、Konrad Schuller, "Ohne Kohle in Kohlrevier," *FAZ,* Nov. 24, 2014. モスクワからの電話については、Anton Zverev, "Ex-rebel leaders detail role played by Putin aide in east Ukraine," Reuters, May 11, 2017. モスクワからの指示については、Jochen Bittner, Arndt Ginzel, and Alexej Hock, "Cheerful Propaganda and Hate on Command," *Die Zeit,* Sept. 30, 2016. 統計数字については、ウクライナ政府は戦死した兵士のリストを提出しているし（本書執筆時で3000名弱）、殺害された民間人の数も推定している（8000名）。ロシアはウクライナで戦闘していることを否定しているので、ロシアの戦死者についての公的な情報をロシアは提出していない。十中八九、ロシア側とウクライナ側の死傷者数は似たようなものだろうさらなる議論のためには次を参照。" 'Traceless regiment': Russian military losses in Donbas," Ukrainian Crisis Media Center, May 17, 2017. これは『ウクライーンシカ・プラウーダ』紙（*Ukrains'ka Pravda*）に発表された同じデータについてのオレクシー・ブラトゥシャクの記事の要約である。国内難民についての公的なウクライナ政府の数字はおよそ160万人であるが、これは国内難民の地位を登録した者の数に過ぎず、あきらかに少なめの見積もりである。次を参照。"5 Unreported Facts About Displaced People in Ukraine," *Hromadske International,* May 18, 2017.

＊75　Andy Greenberg, "How an Entire Nation Became Russia's Test Lab for Cyberwar," *Wired,* June 20, 2017; Ellen Nakashima, "U.S. government officially accuses Russia of hacking campaign," *WP,* Oct. 7, 2016; Frenkel, "Meet Fancy Bear." ウクライナの大統領選挙にまつわるハッキングについては、Patrikarakos, *War in 140 Characters,* 123.

＊76　ロシアのハッキングの対象になったアメリカの組織などについては、"Bears in the Midst: Intrusion in the Democratic National Convention," *Crowdstrike,* June 15, 2016. 国務省については、Ellen Nakashima, "New Details Emerge about Russian Hack," *WP,* April 3, 2017. 送電系統に侵入したマルウェアについては、Greenberg, "How an Entire Nation." さらなる議論のためには本書第6章を参照。

＊77　ウクライナがサイバー攻撃と向き合っているのをフォローするには次の2つから目を離さぬこと、*StopFake* と *EuroMaidan Press.*〔どちらもウクライナのもので、前者は事実確認を目的とする組織、後者はインターネットベースの英字新聞である〕。

＊78　プーチンの発言の引用は、"Priamaia liniia s Vladimirom Putinym," Kremlin, April

17, 2014. 特殊部隊については、Kanygin, "Bes, Fiks, Roman i goluboglazyi." ラヴロフの発言については、Maria Gorelova, "Lavrov: Soobshcheniia o vvode voisk RF na Ukrainu—chast' informatsionnoi voiny," *KP,* Aug. 23, 2016; "Lavrov nazval snimki vtorzheniia voisk RF v Ukrainu kadrami iz komp'iuternoi igry," NV.ua, Aug. 29, 2014.

＊79　Levada Center, press release, Dec. 11, 2014.

＊80　サンクトペテルブルク支部については、Russian Ministry of Justice, Aug. 29, 2014, minjust.ru/ru/press/news/minyustom-rossii-vneseny-dopolneniya-v-reestr-nekommercheskih-organizaciy-1. ピャチゴルスク支部については、Evgenii Titov, "Stavropol'skaia pravozashchitnitsa, rasskazavshaia o pogibshikh v Ukraine voennosluzhashchikh, arestovana i dostavlena v Piatigorsk," *NG,* Oct. 2014. 以下を参照。Leviev, "Three Graves"; Rosenberg, "Ukraine crisis"; Miller et al., "Invasion by Any Other Name," 64.

＊81　これは、国際関係は相対的なゲインについてであり絶対的なゲインについてではないとする、国際関係論における「リアリスト」の考えの論理的応用である——結局は他の誰よりも失うことが少なければ相対的にはゲインとなる。理解するうえで重要なのは、自身を「リアリズム」と提示する国際関係論は——国家が国際関係を真実なものとすべく活動するので——実際に規範的たりうるのである。ロシアが「ネガティヴ・サム・ゲーム」を追求するのは、脅威に晒された寡頭政治の狭い見方からして理解できるが、その応用が世界を変えてしまうため、その語の伝統的な意味合いでの「リアリズム」ではない。この意味からは、国際関係論における「社会構成主義者」は正しい。国際関係論における「リアリズム」はそれ自体はじめから文学的構築であり、ついでに言えばドイツのものである。カール・シュミットに立ち戻るのだ。マシュー・スペクター〔現在スタンフォード大〕が関連するテーマを深めている。

＊82　ラビの発言については、"Ukraine chief rabbi accuses Russians of staging antisemitic 'provocations,' " Jewish Telegraphic Agency, March 3, 2014. パーセンテージについては、"Only 5.5% of Ukrainian citizens consider themselves 'Russian,' " UNIAN, July 11, 2017.

＊83　ラヴロフについては、Lilia Shevtsova, "The Putin Doctrine," *The American Interest,* April 14, 2014; "Lavrov rasskazal, chto meshaet formirovaniiu novogo mirovogo poriadka," Ren.tv, 19. 中国についての現在の評価については、本書第３章の原註（複数）を参照。

＊84　貴重な資源としての水については、Steven Solomon, *Water* (New York: Harper Collins, 2010).〔スティーブン・ソロモン『水が世界を支配する』矢野真千子訳、集英社、2011年〕。

＊85　"Kremlin Advisor Speaks at Yalta Conference Amid Separatists, European Far Right (August 25–31)," *TI,* Aug. 30, 2014; Robert Beckhusen, "As Russia Invades Ukraine, the Kremlin's Far Right Allies Meet in Yalta," *Medium,* Aug. 31, 2014.

＊86　アレクサンダー・ガウラントについては、Melanie Amman and Pavel Lokshin, "German Populists Forge Ties with Russia," *Der Spiegel,* April 27, 2016. ドイツ連邦議会については、Swiss Federal Intelligence Service, Situation Report, 2015, 76; Gerodimos et al., "Russia Is Attacking Western Liberal Democracies."

＊87　メルケルの決断については、Helena Smith and Mark Tran, "Germany says it could take 500,000 refugees a year," *TG,* Sept. 8, 2015. 難民と AfD の伸張については次も参照。Timothy Garton Ash, "It's the Kultur, Stupid," *NYR,* Dec. 7, 2017; Mark Leonard, "The Germany Crisis," *New Statesman,* March 5, 2016.「調和《ハーモナイゼーション》」については、Vladimir Putin, "70-ia sessiia General'noi Assamblei OON," *UN,* Sept. 28, 2015. アメリカ人と同じでドイツ人もウクライナでの戦争を自分たちに直接関わるものとして見ないのが普通だった。両国においては、エキゾチックなものとしてしまうフィルターを通して議論されるのが普通であったし、そのフィルターのおかげで〔自分たちに直接関わるものとしての〕戦争の見方が不可能になった。カール・シュレーゲルの著書『キエフでの決断』(*Entscheidung in Kiew*)は、ドイツ人に向かって、ウクライナでの事実へのロシアの攻撃と彼らドイツ人の経験した体制の脆弱性との関係を説明しようとする試みである〔次で彼のウクライナなどについての意見を知ることができる。https://www.ukrinform.jp/rubric-polytics/2813005-karushuregeru-du-li-shi-jia.html〕。東ヨーロッパのことを弁えているいくらかはいるドイツ人の報道記者たちもまた、その２つのあいだを繋ごうとした。Alice Bota, "Angst vor Ukraines Patrioten," *Die Zeit,* Oct. 24, 2014.

＊88　ロシアの空爆については、"Russia air strikes 'strengthen IS,' " BBC, Oct. 2, 2015; Jonathan Marcus, "Syria crisis," BBC, Oct. 8, 2015; Tom Miles and Stephanie Nebehay, "U.N. rights boss warns Russia over Syria air strikes," Reuters, Oct. 4, 2016; Alec Luhn, "Russian media could almost be covering a different war in Syria," *TG,* Oct. 3, 2016; Wacław Radzinowicz, "Donbas, Syria, zestrzelony boeing," *GW,* May 31, 2017.

＊89　"Russia's Propaganda War Against Germany," *Der Spiegel,* Feb. 8, 2016. 通信社「スプートニク」の役割についてと、一般的なことを知るためには次を参照。Rutenberg, "How the Kremlin built."

＊90　「チャンネル1」からの拡散については、"Avstriia vremenno priostanavlivaet deistvie Shengenskogo soglasheniia iz-za sluchaev nasiliia v Germanii," PK, Jan. 16, 2016, 300073. ベルリン警察の発表は、Polizei Berlin, Facebook post, Jan. 18, 2016. ロシアのメディアからの引用はそれぞれ次から。"SMI FRG: iznasilovanie v Berline russkoi devochki zamiali, chtoby ne seat' paniku," *Vesti,* Jan. 18, 2016; Elena Chinkova, "Liza, my s toboy!" *KP,* Jan. 24, 2016. さらに報道を知るには、Elena Minenkova, "Bednaia Liza . . ." rg-rb.de, Jan. 20, 2016, 17640; "Pervyi podozrevaemyi v seksual'nykh domogatel'stvakh vo vremia novogodnikh prazdnikov arestovan v Kol'ne," PK, Jan. 19, 2016, 3166.

＊91　Damien McGuinness, "Russia steps into Berlin 'rape' storm claiming German cover-

up," BBC, Jan. 27, 2016. ラヴロフ外相によるリサ・Fについての発言は、"Vystuplenie i otvety na voprosy SMI Ministra inostrannykh del Rossii S.V.Lavrova," mid.ru, Jan. 26, 2016, 2032328.

＊92　アムネスティ・インターナショナルの発表は、"Syria: Russia's shameful failure to acknowledge civilian killings," Amnesty International, Dec. 23, 2015.「人権のための医師団」による裏づけは、"Russian Warplanes Strike Medical Facilities in Syria," Physicians for Human Rights, Oct. 7, 2015. 以下も参照。Westcott, "NGO Says Russian Airstrikes Hit Three Syrian Medical Facilities in Two Days," *NW,* Oct. 7, 2015. ロシアのハッカーたちはそうするあいだも爆撃を報じた者たちを罰していた。"Pawn Storm APT Group Returns," *SC Magazine,* Oct. 23, 2015.

＊93　メルケルに対するロシアのサイバー攻撃については、Sophie Eisentraut, "Russia Pulling Strings on Both Sides of the Atlantic," *The Cipher,* Sept. 22, 2017. ガウンラントの引用は次から。"Wir werden Frau Merkel jagen," *Der Spiegel,* Sept. 24, 2017.

＊94　トゥスクの立場については次を参照。"Statement by President Tusk on Maidan Square," *EC-CEU,* April 27, 2015. アレクサンドラ・コヴァレヴァ〔本文中には出てこないが、ウクライナの若い活動家である。マーシ・ショアの *The Ukrainian Night* の p.105 に登場〕の手紙〔フェイスブックに投稿、英語で書かれた手紙でポーランドへの感謝の念も記されている〕は次に。"Letter on 'Euromaydan,' " Maidan Translations, Feb. 21, 2014.

＊95　Rosalia Romaniec, "Curious wiretapping affair rocks Polish government," *Deutsche Welle,* June 23, 2014; Michael E. Miller, "Secret Recordings," *WP,* June 11, 2015.

＊96　この段落で記されていることについて、一般的なことを知るには「ぜひ」次を。Hannah Arendt, *The Origins of Totalitarianism* (New York: Harcourt, Brace, 1951).〔ハンナ・アーレント『全体主義の起原』第 1 巻－第 3 巻、大久保和郎・大島通義・大島かおり訳、みすず書房、2017 年（新版）〕。この時点での最良の論説としては次を。Marcin Król, "Diabeł ma nas w swych objęciach," *GW,* June 27, 2014.

＊97　マチェレヴィチを国防相にしないという約束については、Agata Kondzińska, "Na kłopoty z Macierewiczem - generał Gowin," *GW,* Oct. 9, 2015.

＊98　これらマチェレヴィチの所業は次の書のテーマである。Piątek, *Macierewicz i jego Tajemnice.* 以下も参照。Wojciech Czuchnowski, "Nocny atak Macierewicza na Centrum Kontrwywiadu NATO," *GW,* Dec. 18, 2015; Julian Borger, "Polish military police raid Nato centre in Warsaw," *TG,* Dec. 18, 2015.

＊99　マチェレヴィチの国防相就任以前のカティンの虐殺の記念式典のあり方と、スモレンスクの惨事の位置づけについては次を参照。Alexander Etkind et al., *Remembering Katyn* (Cambridge, UK: Polity, 2012).

＊100　ポーランド政府の専門家によって確認されたブラックボックスからの引用は次から。" 'Zmieścisz się śmiało.' Generał Błasik prowadził tupolewa na lotnisko w

Smoleńsku," dziennik.pl, April 7, 2015, 4877256. いくらかの基本的な部分は英語で次で見られる。"Poland publishes plane crash transcript," BBC, June 10, 2010. 公的なポーランド政府の報告は、"Raport Koncowy z. Badania zdarzenia lotniczego nr 192/2010/11 samolotu Tu-154M nr 101 zaistnialego dnia 10 kwietnia 2010 w rejonie lotniska Smolensk Poloczny," Warsaw, Poland, July 29, 2011. ポーランドとロシアの公的な報告はロシア側の管制官の言動についての記述が異なっているが、重要な点では差異はない。一人のポーランド人のパイロットによる貴重な要約として次が挙げられる。Jerzy Grzędzielski, "Prawda o katastrofie smoleńskiej."

＊101　マチェレウィチは白書を提出していた。Zespół Parlamentarny ds. Badania Przyczyn Katastrofy TU-154 M z 10 kwietnia 2010 roku, "Raport Smolenski: Stan badań, Wydanie II"（Warsaw: Poland, May 2013）, 76.

＊102　"Monthly Warsaw march," Radio Poland, Nov. 10, 2017, 329891.

＊103　Piątek, *Macierewicz i jego Tajemnice*; Schuller, "Die Moskau-Reise."

＊104　Schuller, "Die Moskau-Reise." マロフェーエフについては、本書第3章を参照。

＊105　Aubrey McFate, "Poland's defense ministry met with Dana Rohrabacher," *Daily Kos,* Aug. 18, 2017; Adam Entous, "House majority leader to colleagues in 2016: 'I think Putin pays' Trump," *WP,* May 17, 2017; Nicholas Fandos, "He's a Member of Congress. The Kremlin Likes Him So Much It Gave Him a Code Name," *NYT,* Nov. 21, 2017.

＊106　"OSCE urges Poland's restraint with investigative reporter," AP, Aug. 4 , 2017.

＊107　Pomerantsev, *Nothing Is True,* 227.

＊108　本書第3章での議論を参照。

＊109　Ron Paul, "The Ukraine Fuse Has Been Lit," *Money and Markets* podcast, May 16, 2014.

＊110　グラジエフについては、本書第3章、第4章、第5章を参照。ラルーシュが刊行したグラジエフの論文は、"On Eurofascism," *Executive Intelligence Review,* June 27, 2014. ファシズムにもウクライナにもユダヤ人が責任を有するという主張は同じ雑誌の別の号に見られる〔著者はan EIR research teamとなっているが〕、"British Imperial Project in Ukraine: Violent Coup, Fascist Axioms, Neo-Nazis," *Executive Intelligence Review,* May 16, 2014. ちなみに、ラルーシュは刊行物のなかで「イギリスの」を「ユダヤの」の意味で使う。ウクライナについてのラルーシュの見解を知るには次の号も参照。*Executive Intelligence Review,* Jan. 3, 2014, May 2014.

＊111　Stephen F. Cohen, "The Silence of American Hawks About Kiev's Atrocities," *The Nation,* June 30, 2014.

＊112　コーエンによるこじつけについては、"Silence of American Hawks." ウクライナ首相のお悔やみの手紙については、"Arsenyi Iatseniuk vyrazyl soboleznovannia," June 14, 2014, www.kmu.gov.ua. イギリスでのRTに対する法的措置については、Jasper Jackson, "RT sanctioned by Ofcom over series of misleading and biased articles," *TG,*

Sept. 21, 2015. 以下も参照。Pomerantsev and Weiss, "The Menace of Unreality," 32.

＊113　コーエンの発言の引用は次から。*Democracy Now!,* July 18, 2014. 起きたことそのものについてと、ロシアが注意をそらそうと策を弄したことについては、本書第 4 章を参照。

＊114　リチャード・スペンサーとマリーヌ・ルペンについてはこれまでの引用を参照のこと。また以下も参照。Shekhovtsov, *Russia and the Western Far Right,* chapter 5, for the larger pattern: Russia to intermediaries to public. 2014 年から 2017 年まで『ネイション』誌の記事は「新たな冷戦」という語を定期的に使ってきた。冷戦と新たな冷戦の 2 つの時代の比較について冷静な分析を見るには次を。Nikolay Koposov, "Back to Yalta? Stephen Cohen and the Ukrainian crisis," *Eurozine,* Sept. 5, 2014.

＊115　ヴァンデン・フーヴェルについての引用は次から。*Democracy Now!,* July 24, 2014. 政治テクノロジストたちについては、Mitrokhin, "Infiltration." アンチュフェエフについては本章ですでに論じている。

＊116　砲撃についてのロシアのジャーナリズムについて、引用は次から。"Rossiia obstrelivaet Ukrainu s svoei territorii," *Novoe Vremia,* July 23, 2014. なお、記事は同日中に英語でも読むことができた。"Direct Translation: Russian Army Gunner Brags, 'All Night We Pounded Ukraine,' " *New Atlanticist,* July 23, 2014.

＊117　John Pilger, "In Ukraine, the US is dragging us towards war with Russia," *TG,* May 13, 2014.「昨今の出来事」の数々は上記の書に描かれている。「ロシア 24」でのインタビューの英語での要約は次を参照。"Jews brought Holocaust on themselves, Russian TV host says," Jewish News Service, March 24, 2014.

＊118　Walker, *The Long Hangover,* chapter 11.

＊119　シェイマス・ミルンの発言の引用は次から。Seumas Milne, "In Ukraine, fascists, oligarchs and western expansion are at the heart of the crisis," *TG,* Jan. 29, 2014; Seumas Milne, "It's not Russia that's Pushed Ukraine to the Brink of War," *TG,* April 30, 2014. 以下も参照。"Projecting the Kremlin line," *Left Foot Forward,* March 15, 2015.

＊120　Stephen Bush, "Jeremy Corbyn appoints Seumas Milne as head of strategy and communications," *New Statesman,* Oct. 20, 2015; Laura Kuenssberg, "Corbyn office 'sabotaged' EU Remain campaign—sources," BBC, June 26, 2016. ロシアとブレグジットの関係については本書第 3 章の議論を参照。

＊121　トランプの発言の引用は次から。Melissa Chan, "Donald Trump Says Vladimir Putin Won't 'Go Into Ukraine,' " *Time,* July 31, 2016. マナフォートと「野党ブロック」党については、Kenneth P. Vogel, "Manafort's Man in Kiev," *Politico,* Aug. 18, 2016; Peter Stone and Greg Gordon, "Manafort flight records show deeper Kremlin ties," *McClatchy,* Nov. 27, 2017.

第6章　平等か寡頭政治《オリガーキー》か（2016年）

＊1　筆者による "Trump's Putin Fantasy," *NYR,* April 19, 2016は、このあたりの引用や出典のほとんどを収めている。以下も参照のこと——ドゥーギンの投稿などについては、"In Trump We Trust," Katekhon Think Tank video, posted March 4, 2016; Kozyrev: "Donald Trump's Weird World," *NYT,* Oct. 12, 2016.「我らが大統領だ」については、Ryan Lizza, "A Russian Journalist Explains How the Kremlin Instructed Him to Cover the 2016 Election," *NY,* Nov. 22, 2017.

＊2　ロシアのジャーナリストの引用は、Lizza, "Russian Journalist."「スプートニク」については、Craig Timberg, "Russian propaganda effort helped spread 'fake news' during election, experts say," *WP,* Nov. 24, 2016; "Hillary Clinton's Axis of Evil," Sputnik, Oct. 11, 2016. トランプがRTに2016年9月8日に登場したことについては、Adam Taylor and Paul Farhi, "A Trump interview may be crowning glory for RT," *WP,* Sept. 9, 2016.

＊3　〔ロシア議会が〕拍手喝采したことについては〔記事タイトルの「コサック」の使い方が興味深いが〕、"Donald Trump has been Made an Honorary Russian Cossack," *The Independent,* Nov. 12, 2016. キセリョフと、宦官〔本章註＊108にあたる段落〕、オバマがジャングルにいるみたいに両腕をぶらぶらさせた、ミシェル・オバマが家政婦に見えた、等の彼の発言については、*Vesti Nedeli,* Rossiia Odin, Nov. 13, 2016; Nov. 20, 2016; Dec. 25, 2016; Jan. 22, 2017. これでも著者はキセリョフの野卑さ加減を和らげているのだが。

＊4　このあたりの背景を知るには、Craig Unger, "Trump's Russian Laundromat," *New Republic,* July 13, 2017; Franklin Foer, "Putin's Puppet," *Slate,* July 4, 2016.

＊5　トランプの財務状況についてはこの先で論じる。トランプ本人のツイートについては、Donald Trump, Tweet, Jan. 6, 2018.

＊6　Unger, "Trump's Russian Laundromat."

＊7　Harding, *Collusion,* 272. ドミトリー・リボロフレフについては、Franklin Foer, "Donald Trump Isn't a Manchurian Candidate," *Slate,* July 27, 2016; Philip Ewing, "Subpoena for Deutsche Bank May Put Mueller on Collision Course with Trump," NPR, Dec. 5, 2017. トランプの銀行への借金については、"Trump Bankers Question His Portrayal of Financial Comeback," *Fortune,* July 17, 2016; Keri Geiger, Greg Farrell, and Sarah Mulholland, "Trump May Have a $300 Million Conflict of Interest with Deutsche Bank," *Bloomberg,* Dec. 22, 2016. 5500万ドルも高く購入したについては、Luke Harding, *Collusion*（London: Guardian Books, 2017）, 13, 283.〔前の段落の註になるが〕ドイツ銀行による資金洗浄については、Ed Caesar, "Deutsche Bank's $10-billion scandal," *New Yorker,* Aug. 29, 2016.

＊8　Unger, "Trump's Russian Laundromat"; Matt Apuzzo and Maggie Haberman, "Trump

Associate Boasted," *NYT,* Aug. 28, 2017; Natasha Bertrand, "The Trump Organization," *BI,* Nov. 23, 2017.

＊9 「トランプ・タワー・モスクワ」〔構想〕については、Gloria Borger and Marshall Cohen, "Document details scrapped deal," CNN, Sept. 9, 2017. ここでのトランプのツイートは、Oct. 17, 2015.

＊10 「我々の坊や《ボーイ》」については、Apuzzo and Haberman, "Trump Associate Boasted." 「七割かそこらは」については、Natasha Bertrand, "The Trump Organization," *BI,* Nov. 23, 2017.

＊11 RT とバーサリズム〔本書第 3 章註＊58 を参照〕については、Scherr, "Russian TV Channel."

＊12 Jon Swaine and Shaun Walker, "Trump in Moscow," *TG,* Sept. 18, 2017. ミュージック・ヴィデオについては、Allan Smith, "Trump once made a cameo," *BI,* July 10, 2017; Mandalist Del Barco, "Meet Emin Agalarov," NPR, July 14, 2017.

＊13 V. V. Doroshenko et al., eds., *Istoriia sovetskikh organov gosudarstvennoi bezopasnosti: Uchebnik*（Moscow: KGB, 1977), とりわけ 206–7; Christopher Andrew and Oleg Gordievsky, *KGB*（London: Hodder & Stoughton, 1990), 67–78.〔クリストファー・アンドルー、オレク・ゴルジエフスキー『KGB の内幕――レーニンからゴルバチョフまでの対外工作の歴史』上下巻、福島正光訳、文藝春秋、1993 年〕; John Dziak, *Chekisty*（Lexington: Lexington Books, 1988), とりわけ 49 ;Władyław Michniewicz, *Wielki Bleff Sowiecki*（Chicago: Wici: 1991);〔Jerzy Niezbrzycki〕, " 'Trest,' " *VO,* vol. 7, no. 1, 1950, 119–33; Timothy Snyder, *Sketches from a Secret War*（New Haven: Yale UP, 2005); Iuri Shapoval, Volodymyr Prystaiko, Vadym Zolotar'ov, *Ch.K.-H.P.U.-NKVD v Ukraini*（Kyiv: Abrys, 1997); Piotr Kołakowski, *NKWD i GRU na ziemiach polskich 1939–1945*（Warsaw: Bellona, 2002); Rafał Wnuk, *"Za pierwszego Sowieta"*（Warsaw: IPN, 2007).

＊14 同様の考察は次でもなされている。Pomerantsev, *Nothing Is True,* 199, 213.〔アメリカ人がテレビやパソコンの〕画面の前にいる時間については、Jacqueline Howard, "Americans devote more than 10 hours a day to screen time, and growing," CNN, July 29, 2016.

＊15 「ずっと休眠中だった」については、Vladimir Nikonov on the program *Voskresnyi vecher s Solov'evym,* Rossiia-24, Sept. 10, 2017; discussion in Zachary Cohen, "Russian politician: US spies slept while Russia elected Trump," CNN, Sept. 12, 2017.〔ロシア側の〕サイバー攻撃を仕掛けるのは防衛のためだという一般的な態度については、Nikita Mironov, interview with Alexander Dugin, *Open Revolt,* March 20, 2014; Vladimir Ovchinskii and Elena Larina, "Kholodnaia voina 2.0," Izborsk Club, Nov. 11, 2014. 2016 年までの 10 年ほどのあいだのターゲットについては、Matthews, "Russia's Greatest Weapon May Be Its Hackers"; "Seven Years of Malware Linked to Russian State–Backed

Cyber Espionage," *Ars Technica,* Sept. 17, 2015; Frenkel, "Meet Fancy Bear"; Gerodimos et al., "Russia Is Attacking Western Liberal Democracies."

＊16　2013 年度の軍事計画書については、Jochen Bittner et al., "Putins großer Plan," *Die Zeit,* Nov. 20, 2014. イズボルスク・クラブがつまびらかにしたことについては、Vitaly Averianov, "Novaia staraia kholodnaia voina," Izborsk Club, 23 Dec. 2014, article 4409.「言い得て妙」な表現の引用については、Rutenberg, "How the Kremlin built." 以下も参照。Donna Brazile: *Hacks*（New York: Hachette）, 67.

＊17　こうした一連の攻撃については本書第 3 章、第 4 章、第 5 章で論じた。エストニアの事例についてさらに細かい点を知るには、"Estonia and Russia: A cyber-riot," *The Economist,* May 10, 2007; Kertu Ruus, "Cyber War I," *European Affairs,* vol. 9, nos. 1-2, 2008.

＊18　「T-50」発言については、Kanygin, "Bes, Fiks, Romani i goluboglazyi."「赤旗が掲げられる夢」については、Separatist interview（V）. Borodai: "Eks-prem'er DNR posovetoval Obame 'zabrat'sia na pal'mu,' " TopNews.ru, Aug. 21, 2014. ウラジーミル・アンチュフェエフの引用は次から。Kanygin, " 'Pridnestrovskii general Vladimir Antiufeev." グラジエフの引用は次から。"Predotvratit' voinu—pobedit' v voine," Izborsk Club, Sept. 2014, article 3962. 2014 年 12 月のイズボルスク・クラブの論説の引用については、Averianov, "Novaia staraia kholodnaia voina."

＊19　"Fabrika trollei," RBK, Oct. 17, 2017 が初めてレポートした〔RBK はロシアで唯一 24 時間ビジネスニュースを扱うテレビ局 Fabrika trollei は「トロール工場」の意〕。次も参照。Shaun Walker, "Russian troll factory paid US activists," *TG,* Oct. 17, 2017.

＊20　アンドレイ・クルツキフの発言については、Scott Shane, "The Fake Americans Russia Created," *NYT,* Sept. 7, 2017.〔ヒラリー・クリントンへの〕仕返しについては、Massimo Calabresi, "Hacking Democracy," *Time,* May 29, 2017, 32. チャンネル 1 による披瀝については、Oct. 9, 2016, 31169. プーチンが用いた言い回しについては、Andrew Higgins, "Maybe Private Russian Hackers Meddled in Election, Putin Says," *NYT,* June 1, 2017.

＊21　おそらくアメリカ人で懸念を抱く可能性の最も高かったヒラリー・クリントンでさえ、この種の攻撃は予想していなかった（自伝、*What Happened,* 333）。以下も参照。Donna Brazile, *Hacks,* 135.

＊22　Elizabeth Dwoskin, Adam Entous, and Craig Timberg, "Google uncovers Russian-bought ads," *NYT,* Oct. 9, 2017; Mike Isaac and Daisuke Wakabayashi, "Russian Influence Reached 126 Million Through Facebook Alone," *NYT,* Oct. 30, 2017. 出典はこれ以降も随時挙げられる。フェイスブックのレビューについては次を参照。Jen Weedon, William Nuland, and Alex Stamos, "Information Operations and Facebook," April 27, 2017.

＊23　580 万ものフェイクアカウントについては、Craig Timberg and Elizabeth

Dowskin, “Facebook takes down data,” *WP,* Oct. 12, 2017; Graham Kates, “Facebook Deleted 5.8 million accounts just before the 2016 election,” CBS, Oct. 31, 2017.「インターネット・リサーチ・エージェンシー」がつくった470ものサイトについては、Jon Swaine and Luke Harding, “Russia funded Facebook and Twitter investments through Kushner investor,” *TG,* Nov. 5, 2017.〔ロシアが〕いかなる断りを入れる必要もなかったことについては、April Glaser, “Political ads on Facebook Now Need to Say Who Paid for Them,” *Slate,* Dec. 18 2017. 3億4000万回もシェアされたという評価については、Craig Timberg, “Russian propaganda,” *WP,* Oct. 5, 2017. イベントページについては、David McCabe, “Russian Facebook Campaign Included 100+ Event Pages,” *Axios,* Jan. 26, 2018. 3000もの広告については、Mike Snider, “See the fake Facebook ads Russians ran,” *USA Today,* Nov. 1, 2017; Scott Shane, “These Are the Ads Russia Bought on Facebook in 2016,” *NYT,* Nov. 1, 2017. また、UsHadronがmedium.com/@ushadronsで集めたものも参照。6000万ものアカウントがフェイクだったことについては、Nicholas Confessore et al., “Buying Online Influencers,” *NYT,* Jan. 28, 2018.

＊24　ロシアの広告については、上述の註＊23「3000もの広告」を参照。影響の受けやすさ《サセプティビリティ》については、Calabresi, “Hacking Democracy.” 以下も参照。Adam Entous, Craig Timberg, and Elizabeth Dwoskin, “Russian operatives used Facebook ads,” *WP,* Sept. 25, 2017; Nicholas Confessore and Daisuke Wkabayashi, “How Russia Harvested American Rage,” *NYT,* Oct. 9, 2017. ライフルの事例については、Rebecca Shabad, “Russian Facebook ad showed black woman,” CBS, Oct. 3, 2017. ムスリムの事例については、“Russian Propaganda Pushed Pro-Hillary Rally,” *DB,* Sept. 27, 2017; “Russians Impersonated Real American Muslims,” *DB,* Sept. 27, 2017.「ムスリムのサイトと称するもの」は、興味深いことに、ウラジスラフ・スルコフお気に入りのラッパーであるトゥパック・シャクールを引用していた。ミシガン州やウィスコンシン州での事例については、Manu Rajy, Dylan Byers, and Dana Bash, “Russian-linked Facebook ads targeted Michigan and Wisconsin,” CNN, Oct. 4, 2017.「難民をレイピストに結びつける」については、Ben Popken, “Russian trolls pushed graphic, racist tweets to American voters,” NBC, Nov. 30, 2017. トランプも同じこと〔「難民をレイピストに結びつける」こと。ただし筆者は、トランプ自身の濃厚な「レイプ疑惑」をも諷諫しているのではないか〕をしたのは、2015年6月15日の出馬表明においてであった。

＊25　「10%（控えめに見積もってもだが）がボットによるもの」だろうということについては、Onur Varol et al., “Online Human-Bot Interactions: Detection, Estimation, and Characterization,” Proceedings of the Eleventh International AAAI Conference on Web and Social Media, March 27, 2017, estimate 9–15% of accounts. 20%についてと重要な学術的研究からの引用は、Alessandro Bessit and Emilio Ferrara, “Social bots distort the 2016 U.S. Presidential election online discussion,” *First Monday,* vol.

21, no. 11, Nov. 7, 2016.　ボットが人間並みという評価については、Marco T. Bastos and Dan Mercea, "The Brexit Botnet and User-Generated Hyperpartisan News," *Social Science Computer Review,* 2017, 4. 2, 752: Ben Popken, "Russian trolls went on attack during key election moments," NBC, Dec. 20, 2017. ツイッター社が選挙のあとに計算したことについては、Confessore, "Buying Online Influencers."

＊26　ロシアのツイッターアカウントと（現実には不可能な）「電子投票」についてツイッター社が出した声明は、Twitter, "Update: Russian Interference in 2016 US Election, Bots, & Misinformation," Sept. 28, 2017. ノースカロライナ州の事例については、Nicole Perlroth et al., "Russian Election Hacking Efforts," *NYT,* Sept. 1, 2017. 選挙管理委員会については、"Assessing Russian Activities and Intentions in Recent U.S. Elections," Intelligence Community Assessment, Jan. 6, 2017, iii.

＊27　共和党全国大会とトランプ、クリントンの討論については、Ben Popken, "Russian trolls went on attack during key election moments," NBC, Dec. 20, 2017. 選挙結果を左右する激戦州（スウィングステート）については、"Study: Fake News on Twitter Flooded Swing States," *DB,* Sept. 29, 2017. イギリスでブレグジット擁護に使ったボットをアメリカでも使ったことについては、Carrell, "Russian cyber-activists." Trend and same 1,600: Selina Wang, "Twitter Is Crawling with Bots," *Bloomberg,* Oct. 13, 2017.

＊28　この段落より以降の段落の引用（複数）も参照。メールアカウントへのハッキングについては、M. D. Shear and M. Rosenberg, "Released Emails Suggest the D. N.C. Derided the Sanders Campaign," *NYT,* July 22, 2016; Jenna McLaughlin, Robbie Gramer, and Jana Winter, "Private Email of Top U.S. Russia Intelligence Official Hacked," *Time,* July 17, 2017.

＊29　ロシアによるハッキングについては、Thomas Rid, U.S. Senate testimony, March 30, 2017; Frenkel, "Meet Fancy Bear." 民主党大会の雰囲気については、Clinton, *What Happened,* 341; Brazile, *Hacks,* 8, 9, 15.

＊30　アメリカ当局の見立てについては、NCCIC and FBI Joint Analysis Report, "Grizzly Steppe: Russian Malicious Cyber Activity," Dec. 29, 2016; "Assessing Russian Activities and Intentions in Recent U.S. Elections," Intelligence Community Assessment, Jan. 6, 2017. 以下も参照。U.S. Department of the Treasury, "Issuance of Amended Executive Order 13694; Cyber-Related Sanctions Designations," Dec. 29, 2016. トランプ・ジュニアにトランプ・シニアが乗ったことについては、Jack Shafer, "Week 26," *Politico,* Nov. 18, 2017. ウィキリークスとトランプ・ジュニアのやりとりの引用については、Marshall Cohen, "What we know about Trump Jr.'s exchanges with WikiLeaks," CNN, Nov. 14, 2017. トランプの繰り返しの否定については、Kurt Eichenwald, "Why Vladimir Putin's Russia Is Backing Donald Trump," *NW,* Nov. 4, 2016.

＊31　ジョン・ポデスタへの誘導については、"Russia Twitter trolls rushed to deflect

Trump bad news," AP, Nov. 9, 2017. テープが公表されてから30分後については、Adam Entous and Ellen Nakashima, "Obama's secret struggle to punish Russia," *WP,* June 23, 2017.

＊32　次を参照。Brazile, *Hacks,* 25, 43, 85.

＊33　プーチンの発言の引用については、Frenkel, "Meet Fancy Bear." アメリカの情報機関によれば、ロシアは共和党についても資料を聴きだしていたが使わなかった。"Assessing Russian Activities and Intentions in Recent U.S. Elections," Intelligence Community Assessment, Jan. 6, 2017, 3.

＊34　〔ポール・マナファートがトランプから〕給料を一切もらっていなかったことについては、Philip Bump, "Paul Manafort: An FAQ about Trump's indicted former campaign chairman," *WP,* Oct. 30, 2017. 以下も参照。Kate Brannen, "A Timeline of Paul Manafort's Relationship with Donald Trump," *Slate,* Oct. 30, 2017.

＊35　〔マナフォートがオレグ・デリパスカから〕2600万ドルを受け取っていたことについては、Aggelos Petropolous and Richard Engel, "Manafort Had $60 Million Relationship With a Russian Oligarch," NBC, Oct. 15, 2017. ただし、デリパスカは支払いを否定しているが。「個人的なブリーフィング」については、Julia Ioffe and Frank Foer, "Did Manafort Use Trump to Curry Favor with a Putin Ally?" *The Atlantic,* Oct. 2, 2017. 以下も参照。Andrew Roth, "Manafort's Russia connection: What you need to know about Oleg Deripaska," *WP,* Sept. 24, 2017. マーク・カソウィッツがトランプとデリパスカ双方の弁護士を務めていたことについては、Rebecca Ruiz and Sharon LaFrontiere, "Role of Trump's Personal Lawyer Blurs Public and Private Lines," *NYT,* June 11, 2017.

＊36　ここで述べられていることは本書第4章で論じている（とりわけ註＊20にあたる段落など）。次を参照。Foer, "Quiet American"; Simon Shuster, "How Paul Manafort Helped Elect Russia's Man in Ukraine," *Time,* Oct. 31, 2017. とりわけ、Franklin Foer, "The Plot Against America," *The Atlantic,* March 2018.

＊37　〔トランプが、ロシアはウクライナに〕侵攻しないだろうと言ったことについては、Eric Bradner and David Wright, "Trump says Putin is 'not going to go into Ukraine,' despite Crimea," CNN, Aug. 1, 2016. 1270万ドルについては、Andrew E. Kramer, Mike McIntire, and Barry Meier, "Secret Ledger in Ukraine Lists Cash for Donald Trump's Campaign Chief," *NYT,* Aug. 14, 2016. トルコ〔のNATO軍基地をムスリムのテロリストが〕攻撃という作り話については、Andrew Weisburd and Clint Watts, "How Russia Dominates Your Twitter Feed," *DB,* Aug. 6, 2016; Linda Qiu, "Trump campaign chair misquotes Russian media in bogus claim about NATO base terrorist attack," *Politifact,* Aug. 16, 2016.

＊38　主流に押しあげたことについては、Sarah Posner, "How Donald Trump's New Campaign Chief Created an Online Haven for White Nationalists," *Mother Jones,* Aug. 22,

2016. 白人至上主義者がトランプに熱狂するたくさんの例については次を参照。Richard Cohen, "Welcome to Donald Trump's America," SPLC Report, Summer 2017; Ryan Lenz et al., "100 Days in Trump's America," Southern Poverty Law Center, 2017. マシュー・ハインバックの裁判については、"Will Trump have to testify on rally attacks?" *DB,* April 19, 2017. ハインバックの発言の引用は、Michel, "Beyond Trump and Putin". 以下も参照。Heather Digby Parton, "Trump, the alt-right and the Kremlin," *Salon,* Aug. 17, 2017. スティーブ・バノン、〔このボジーについては本文中には出てこないが〕デヴィッド・ボジー、ボジーが指導者を務める「シチズンズ・ユナイテッド」については、Michael Wolff, "Ringside with Steve Bannon at Trump Tower as the President-Elect's Strategist Plots 'An Entirely New Political Movement,' " *Hollywood Reporter,* Nov. 18, 2016. バノンと（超富豪）マーサー家の関わりについては、Matthew Kelly, Kate Goldstein, and Nicholas Confessore, "Robert Mercer, Bannon Patron, Is Leaving Helm of $50 Billion Hedge Fund," *NYT,* Nov. 2, 2017.

＊39　バノンの発言の引用は、Owen Matthews, "Alexander Dugin and Steve Bannon's Ideological Ties to Vladimir Putin's Russia," *NW,* April 17, 2017. バノンのイデオロギー、映画については、Ronald Radosh, "Steve Bannon, Trump's Top Guy, Told Me He Was 'A Leninist' Who Wants to 'Destroy the State,' " *DB,* Aug. 22, 2016; Jeremy Peters, "Bannon's Views Can be Traced to a Book That Warns, 'Winter Is Coming,' " *NYT,* April 8, 2017; Owen Matthews, "Alexander Dugin and Steve Bannon's Ideological Ties to Vladimir Putin's Russia," *NW,* April 17, 2017; Christopher Dickey and Asawin Suebsaeng, "Steve Bannon's Dream: A Worldwise Ultra-Right," *DB,* Nov. 13, 2016.

＊40　バノンの言及については、Wolff, "Ringside with Steve Bannon." バノンたちの見解については、Radosh, "Steve Bannon"; Peters, "Bannon's Views"; Matthews, "Alexander Dugin." マナフォート、ジャレッド・クシュナー、トランプ・ジュニアは「国家反逆罪」に相当するとあとになってバノンが非難したことについては、David Smith, "Trump Tower meeting with Russians 'treasonous,' Bannon says in explosive book," *TG,* Jan. 3, 2018.「しょせん保護領《プロテクトレート》」発言については、Greg Miller, Greg Jaffe, and Philip Rucker, "Doubting the intelligence, Trump pursues Putin and leaves a Russian threat unchecked," *WP,* Dec. 14, 2017.

＊41　クシュナーの会社「カドレ」については、Jon Swaine and Luke Harding, "Russia funded Facebook and Twitter investments through Kushner investor," *TG,* Nov. 5, 2017. ドイツ銀行については、Harding, *Collusion,* 312–14; Michael Kranish, "Kushner firm's $285 million Deutsche Bank loan came just before Election Day," *WP,* June 25, 2017.

＊42　Jo Becker and Matthew Rosenberg, "Kushner Omitted Meeting with Russians on Security Clearance Forms," *NYT,* April 6, 2017; Jon Swaine, "Jared Kushner failed to disclose emails sent to Trump team about WikiLeaks and Russia," *TG,* Nov. 16, 2017; Jason Le Miere, "Jared Kushner's Security Clearance Form Has Unprecedented Level of Mistakes, Says

Leading Official," *NW,* Oct. 13, 2017. 虚偽のプレスリリースについては、Amber Phillips, "12 things we can definitely say the Russia investigation has uncovered," *WP,* Dec. 23, 2017.

＊43 〔トランプ・タワーでの会合に出席していたロシア人弁護士〕ナタリア・ベセルツカヤと、アラス・アガラロフ〔本書第3章註＊60を参照〕については、Harding, *Collusion,* 232. トランプ・タワーで開かれていた会合での他のディスカッションについての〔これ以降に出てくる〕出典も参照。

＊44 「プーチンと仲良くやる」については、Andrew Kaczynski, Chris Massie, and Nathan McDermott, "80 Times Trump Talked About Putin," CNN, March 2017. 賛美の言葉については、Franklin Foer, "Putin's Puppet," *Slate,* July 21, 2016. リチャード・バートについては、Ben Schreckinger and Julia Ioffe, "Lobbyist Advised Trump Campaign While Promoting Russian Pipeline," *Politico,* Oct. 7, 2016; James Miller, "Trump and Russia," *DB,* Nov. 7, 2016.「この会社のコンピュータサーバー」については、Frank Foer, "Was a Trump Server Communicating with Russia?" *Slate,* Oct. 31, 2016.

＊45 Karla Adams, Jonathan Krohn, and Griff Witte, "Professor at center of Russia disclosures," *WP,* Oct. 31, 2017; Ali Watkins, "Mysterious Putin 'niece' has a name," *Politico,* Nov. 9, 2017; Sharon LaFraniere, Mark Mazzetti, and Matt Apuzzo, "How the Russia Inquiry Began," *NYT,* Dec. 30, 2017; Luke Harding and Stephanie Kirchgaessner, "The boss, the boyfriend and the FBI," *TG,* Jan. 18, 2018.

＊46 FBIによる逮捕については、Matt Apuzzo and Michael E. Schmidt, "Trump Campaign Advisor Met with Russian," *NYT,* Oct. 30, 2017. ロシア側の接触者の書き送ったものの引用については、LaFraniere, Mazzetti, and Apuzzo, "How the Russia Inquiry Began."

＊47 「クレイジーな奴」については、Stephanie Kirchgaessner et al., "Former Trump Advisor Carter Page Held 'Strong Pro-Kremlin Views,' Says Ex-Boss," Rosalind S. Helderman, *TG,* April 14, 2017. 2013年の書類については、Harding, *Collusion,* 45. ロシアのクライアントについては、"Here's What We Know about Donald Trump and His Ties to Russia," *WP,* July 29, 2016. 株の所有については、Foer, "Putin's Puppet."

＊48 「幹部たち」については、Rosalind S. Helderman, Matt Zapotolsky, and Karoun Demirjian, "Trump adviser sent email describing 'private conversation' with Russian official," *WP,* Nov. 7, 2017. 共和党全国大会〔のとりわけウクライナ侵攻関係〕については、Natasha Bertrand, "It looks like another Trump advisor has significantly changed his story about the GOP's dramatic shift on Ukraine," *BI,* March 3, 2017.

＊49 フリンの外国とのつながりについては、Michael Kranish, Tom Hamburger, and Carol D. Leonnig, "Michael Flynn's role in Mideast nuclear project could compound legal issues," *WP,* Nov. 27, 2017. フリンのツイートについては、Ben Collins and Kevin Poulsen, "Michael Flynn Followed Russian Troll Accounts, Pushed Their Messages in Days Before Election," *DB,* Nov. 1, 2017; Michael Flynn, tweets, Nov. 2 and 4, 2016.

＊50　RT の祝賀晩餐会に出席のフリンについては、Greg Miller, “Trump's pick for national security adviser brings experience and controversy,” *WP,* Nov. 17, 2016. GRU、「ミーシャ」、RT の 10 周年祝賀行事については、Harding, *Collusion,* 116, 121, 126. ツイートについては上記註＊49 を参照。また次も参照。Bryan Bender and Andrew Hanna, “Flynn under fire,” *Politico,* Dec. 5, 2016.

＊51　キャスリーン・T・マクファーランドの発言の引用、また一般的なことを知るにも、Michael S. Schmidt, Sharon LaFraniere, and Scott Shane, “Emails Dispute White House Claims That Flynn Acted Independently on Russia,” *NYT,* Dec. 2, 2017.

＊52　オバマとサリー・イエーツからの警告については、Harding, *Collusion,* 130, 133. トランプによるイエーツの解雇については、Michael D. Shear, Mark Landler, Matt Apuzzo, and Eric Lichtblau, “Trump Fires Acting Attorney General Who Defied Him,” *NYT,* Jan. 30, 2017. フリンが罪を認めたことについては、Michael Shear and Adam Goldman, “Michael Flynn Pleads Guilty to Lying to the F.B.I. and Will Cooperate,” *NYT,* Dec. 1, 2017.

＊53　Philip Bump, “What Jeff Sessions said about Russia, and when,” *WP,* March 2, 2017. Pema Levy and Dan Friedman, “3 Times Jeff Sessions Made False Statements to Congress Under Oath,” *Mother Jones,* Nov. 8, 2017.

＊54　キプロス銀行については、“Kak novyi ministr torgovli SShA sviazan s Rossiei,” RBK, Dec. 6, 2016; James S. Henry, “Wilbur Ross Comes to D.C. with an Unexamined History of Russian Connections,” *DCReport,* Feb. 25, 2017; Stephanie Kirchgaessner, “Trump's commerce secretary oversaw Russia deal while at Bank of Cyprus,” *TG,* March 23, 2017. ヴィクトル・ヴェクセリベルクについては、Harding, *Collusion,* 283. イリインの改葬費用については、Eltchaninoff, *Dans la tête de Vladimir Poutine,* 46.

＊55　Jon Swaine and Luke Harding, “Trump commerce secretary's business links with Putin family laid out in leaked files,” *TG,* Nov. 5, 2017; Christina Maza, “Putin's daughter is linked to Wilbur Ross,” *NW,* Nov. 28, 2017.

＊56　Elaine Lies, “Tillerson says State Department spending ‘simply not sustainable,’ ” Reuters, March 17, 2017; Colum Lynch, “Tillerson to Shutter State Department War Crimes Office,” *Foreign Policy,* July 17, 2017; Josh Rogan, “State Department considers scrubbing democracy promotion from its mission,” *WP,* Aug. 1, 2017.

＊57　2016 年 8 月の CIA 元長官代理〔マイケル・モレル〕の発言は、Michael Morell, “I Ran the CIA. Now I'm Endorsing Hillary Clinton,” *NYT,* Aug. 5, 2016.「ロシアのスパイ」については、Glenn Carle quotation: Jeff Stein, “Putin's Man in the White House?” *NW,* Dec. 21, 2017. 3 人の諜報スペシャリストの結論は、Alex Finley, Asha Rangappa, and John Sipher, “Collusion Doesn't Have to Be Criminal to Be an Ongoing Threat,” *Just Security,* Dec. 15, 2017. 制裁については、“Sanctioned Russian Spy Official Met with Counterparts in US,” *NYT,* Jan. 30, 2018; Julian Borger, “US ‘name-and-shame’

list of Russian oligarchs binned," *TG,* Jan. 30, 2018; John Hudson, "Trump Administration Admits It Cribbed from *Forbes* Magazine," *BuzzFeed,* Jan. 30, 2018.

＊58　Matthew Haag, "Preet Bharara Says Trump Tried to Build Relationship With Him Before Firing," *NYT,* June 11, 2017; Harriet Sinclair, "Preet Bharara, Fired By Trump, Says 'Absolutely' Enough Evidence for Obstruction Probe," *NW,* June 11, 2017. トランプは「でっちあげ」（hoax）という語をしじゅう使った。一例として、Tweet, Jan. 2018: "total hoax on the American public."

＊59　同盟国からの警告については、Luke Harding, Stephanie Kirchgaessner, and Nick Hopkins, "British spies were first to spot Trump team's links with Russia," *TG,* April 13, 2017. FBIによるペイジの捜査については、Marshall Cohen and Sam Petulla, "Papadopoulos' guilty plea visualized," *CNN Politics,* Nov. 1, 2017. コミーが「タイムライン」（スケジュール管理）していたことについては、Glenn Kessler and Meg Kelly, "Timeline," *WP,* Oct. 20, 2017; Morgan Chalfant, "Timeline," *The Hill,* May 9, 2017.

＊60　トランプがコミーに圧力をかけたことについては、Matt Apuzzo, Maggie Haberman, and Matthew Rosenberg, "Trump Told Russians That Firing 'Nut Job' Comey Eased Pressure From Investigation," *NYT,* May 19, 2017. イスラエルの二重スパイについては、Harding, *Collusion,* 194. Julie Hirschfeld Davis, "Trump Bars U.S. Press, but Not Russia's, at Meeting with Russian Officials," *NYT,* May 10, 2017; Lily Hay Newman, "You Can't Bug the Oval Office (for Long Anyway)," *Wired,* May 11, 2017.

＊61　「オバマの傀儡だった」については、PK, May 10, 2017. コミーの件でのプーチンの発言については、*Vesti,* May 14, 2017. モラーの解任命令については、Michael E. Schmidt and Maggie Haberman, "Trump Ordered Mueller Fired, *NYT,* Jan. 25, 2018.「捜査妨害はしていない」というトランプの嘘については、James Hohmann, "Five Takeaways from Trump's Threatened Effort to Fire Mueller," *WP,* Jan. 26, 2018. アメリカの法と秩序については、"FBI urges White House not to release GOP Russia-probe memo," NBC, Jan. 31, 2018.

＊62　Pomerantsev, *Nothing Is True,* 49.

＊63　Chava Gourarie, "Chris Arnade on his year embedded with Trump supporters," *Columbia Journalism Review,* Nov. 15, 2016; Timothy Snyder, "In the Land of No News," *NYR,* Oct. 27, 2011. レイオフについては、Mark Jurkowitz, "The Losses in Legacy," Pew Research Center, March 26, 2014.

＊64　レスリー・ムーンベス〔CBSのCEOだった〕の発言については、James Williams, "The Clickbait Candidate," *Quillette,* Oct. 3, 2016. ツイッターアカウントについては、Steven Levitsky and Daniel Ziblatt, *How Democracies Die* (New York: Crown, 2018), 58.〔スティーブン・レビツキー、ダニエル・ジブラット『民主主義の死に方——二極化する政治が招く独裁への道』濱野大道訳、新潮社、2018年〕。「見世物」については次を参照。Peter Pomerantsev, "Inside the Kremlin's hall of mirrors,"

TG, April 9, 2015.

＊65 Alice Marwick and Rebecca Lewis, "Media Manipulation and Disinformation Online," Data & Society Research Institute, 2017, 42–43, sic passim. Tamsin Shaw, "Invisible Manipulators of Your Mind," *NYR,* April 20, 2017; Paul Lewis, "Our minds can be hijacked," *TG,* Oct. 6, 2017. 44% という数字は、Pew Research Center, cited in Olivia Solon, "Facebook's Failure," *TG,* Nov. 10, 2016. 民主主義政治への心構えを不安定にさせることの深みのある描写として、Schlögel, *Entscheidung in Kiew,* 17–22.

＊66 フェイスブックの生み出したもの（2つの機能）については、Elizabeth Dwoskin, Caitlin Dewey, and Craig Timberg, "Why Facebook and Google are struggling to purge fake news," *WP,* Nov. 15, 2016. 約5600万回については、Craig Timberg, "Russian propaganda effort helped spread 'fake news' during election, experts say," *WP,* Nov. 24, 2016. ロシアがFOXテレビやブライトバート〔保守系ニュースサイト〕をあと押ししたことについては、Eisentraut, "Russia Pulling Strings."

＊67 Marc Fisher, John Woodrow Cox, and Peter Hermann, "Pizzagate: From rumor, to hashtag, to gunfire in D.C.," *WP,* Dec. 6, 2016; Ben Popken, "Russian trolls pushed graphic, racist tweets to American voters," NBC, Nov. 30, 2017; Mary Papenfuss, "Russian Trolls Linked Clinton to 'Satanic Ritual,' " *HP,* Dec. 1, 2016.

＊68 Ben Collins, "WikiLeaks Plays Doctor," *DB,* Aug. 25, 2016.

＊69 Casey Michel, "How the Russians pretended to be Texans," *WP,* Oct. 17, 2017; Ryan Grenoble, "Here are some of the ads Russia paid to promote on Facebook," *HP,* Nov. 1, 2017. 分離についてさらなる事例は次を。"Is Russia Behind a Secession Effort in California?" *The Atlantic,* March 1, 2017. イギリス、フランスとEUは、本書第3章「統合か帝国か」の主題であった。カタロニアについては、David Alandete, "Putin encourages independence movement," *El Pais,* Oct. 26, 2017.

＊70 TEN_GOP〔偽のテネシー州共和党のツイッターアカウント〕とオバマについては、"Russia Twitter Trolls rushed to deflect Trump bad news," AP, Nov. 9, 2017. ケリーアン・コンウェイのリツイートについては、Denise Clifton, "Putin's Pro-Trump Trolls," *Mother Jones,* Oct. 31, 2017. ジャック・ポソビエックについてと、一般的なことを知るためには、Kevin Collier, "Twitter Was Warned Repeatedly," *BuzzFeed,* Oct. 18, 2017. コンウェイによる「私も好きよ（love you back）」については、Ryan Lenz et al., "100 Days in Trump's America," Southern Poverty Law Center, 2017. マイケル・フリンのリツイートについては、Collins and Poulsen, "Michael Flynn Followed Russian Troll Accounts."

＊71 トランプの演説は、Speech in Miami, Sept. 16, 2016. マリア・ブティナ〔NRAに潜入していたロシアのスパイ〕については、"The Kremlin and the GOP Have a New Friend — and Boy Does She Love Guns," *DB,* Feb. 23, 2017. 特定のロシアの広告や "American Gunslinger" のようなミームについては、本書ですでに論じているし、

この先でも論じる。

＊72　Rosalind S. Helderman and Tom Hamburger, "Guns and religion," *WP,* April 30, 2017. Nicholas Fandos, "Operative Offered Trump Campaign 'Kremlin Connection,' " *NYT,* Dec. 3, 2017.

＊73　ブティナからトルシンへの報告については、Matt Apuzzo, Matthew Rosenberg, and Adam Goldman, "Top Russian Official Tried to Broker 'Backdoor' Meeting Between Trump and Putin," *NYT,* Nov. 18, 2017. 以下も参照。Tim Mak, "Top Trump Ally Met with Putin's Deputy in Moscow," *DB,* March 2017. トランプ・ジュニアとトルシンの面会については、"Trump Jr. met with man with close ties to Kremlin," CBS, Nov. 20, 2017. NRAと『ニューヨーク・タイムズ』紙については、Amanda Holpuch, " 'We're coming for you,' " *TG,* Aug. 5, 2017. トルシンは今に到るまで不正な資金洗浄の罪を認めていない。準軍事組織については、Anton Shekhovtsov, "Slovak Far-Right Allies of Putin's Regime," *TI,* Feb. 8, 2016; Petra Vejvodová, Jakub Janda, and Veronika Víchová, *The Russian Connections of Far-Right and Paramilitary Organizations in the Czech Republic*（Budapest: Political Capital, 2017）; Attila Juhász, Lóránt Györi, Edit Zgut, and András Dezsö, *The Activity of Pro-Russian Extremist Groups in Hungary*（Budapest: Political Capital, 2017）.

＊74　Carol Anderson, *White Rage*（New York, London: Bloomsbury, 2017）, 151, 163; Zachary Roth, "The Real Voting Problem in the 2016 Election," *Politico,* Oct. 24, 2016. 以下も参照。Levitsky and Ziblatt, *How Democracies Die,* 183.

＊75　Anderson, *White Rage,* 163, 165, 168.

＊76　Ryan C. Brooks, "How Russians Attempted to Use Instagram to Influence Native Americans," *BuzzFeed,* Oct. 23, 2017; Ryan Grenoble, "Here are some of the ads Russia paid to promote on Facebook," *HP,* Nov. 1, 2017; Cecilia Kang, "Russia-Financed Ad Linked Clinton and Satan," *NYT,* Nov. 2, 2017; Ben Collins, Gideon Resnick, and Spencer Ackerman, "Russia Recruited YouTubers," *DB,* Oct. 8, 2017; April Glaser, "Russian Trolls Are Still Co-Opting Black Organizers' Events," *Technology,* Nov. 7, 2017.

＊77　議員については、Elena Chinkova, "Rodnina 'pokazala' Obame banan," *KP,* Sept. 14, 2013. 2014年のオバマの誕生日については、写真とコメントは次で見ることができる〔オバマを侮辱する写真等はたくさんあるが、本文中のようなものは訳者は見出せなかった〕、the students' VKontakte page, vk.com/mskstud?w=wall-73663964_66. 食料雑貨チェーン店については、Vesti.ru, Dec. 10, 2015, 2698780. 洗車チェーン店については、Amur.info, May 25, 2016, 111458.「ライフニュース」については、Life.ru, Dec. 30, 2016, 954218.

＊78　Adam Entous, "House majority leader to colleagues in 2016: 'I think Putin pays' Trump," *WP,* May 17, 2017. しきたりや慣行の重要さが次の書の主要なテーマである。Levitsky and Ziblatt, *How Democracies Die.*〔モスクワで話題になった例の〕引用

は次に。*Vesti,* Feb. 20, 2016, 2777956.

＊79　公正を期していえば、2017年5月に上院議員リンゼイ・グレアムは確かにこう述べている。「一党が攻撃されたときには、我々全員が攻撃されていると感じるべきだ」。これはよく見られる見解ではなかったし、いずれにせよその時点では遅きに失した。Camila Domonoske, "Sally Yates Testifies: 'We Believed Gen. Flynn Was Compromised,' " NPR, May 8, 2017.

＊80　上院多数党院内総務のマコーネルの言動については、Adam Entous, Ellen Nakashima, and Greg Miller, "Secret CIA assessment says Russia was trying to help Trump win White House," *WP,* Dec. 9, 2016; Greg Miller, Ellen Nakashima, and Adam Entous, "Obama's secret struggle to punish Russia," *WP,* June 23, 2017. 情報機関トップたちの公式声明の引用は次から。"Background to 'Assessing Russian Activities and Intentions in Recent US Elections': The Analytic Process and Cyber Incident Attribution," Director of National Intelligence（DNI）, Jan. 6, 2017.

＊81　人種とロシアについてのこうした議論は次の書でなされている。Anderson, *White Rage,* 163.『世界と僕のあいだに』のタナハシ・コーツの次の論説も同じ議論を扱っている。Ta-Nehisi Coates, "The First White President," *The Atlantic,* Oct. 2017, 74–87. 政権幹部の発言の引用については、Aaron Blake, " 'I feel like we sort of choked,' " *WP,* June 23, 2017.

＊82　マルコ・ルビオの主張については、Sparrow, "From Maidan to Moscow," 339. ジョン・ケーシックについては、Caitlin Yilek, "Kasich campaign launches 'Trump-Putin 2016' website," *The Hill,* Dec. 19, 2015.

＊83　グローバルな不平等については次を参照。Paul Collier, *The Bottom Billion*（Oxford, UK: Oxford UP, 2007).〔ポール・コリアー『最底辺の10億人――最も貧しい国々のために本当になすべきことは何か？』中谷和男訳、日経BP社、日経BP出版センター（発売)、2008年〕。2015年6月15日の立候補宣言でトランプは「残念ながらアメリカンドリームは死んだんだ」と述べた。

＊84　*Trotsky,* 2017, dir. Aleksandr Kott and Konstantyn Statskii, debate between Trotsky and Ilyin in episode 8, at 26: 20–29.40. 本書第2章原註＊44を参照。

＊85　数字は次から、Anastasiya Novatorskaya, "Economic Inequality in the United States and Russia, 1989–2012," 2017. 以下も参照。（89%と76%については）Credit Suisse, "Global Wealth Report 2016." 個人的な友人たちについては、Anders Åslund, "Russia's Crony Capitalism," *Zeszyty mBank,* no. 128, 2017. 友人のチェロ奏者については、Luke Harding, "Revealed: the $2bn offshore trail that leads to Vladimir Putin," *TG,* April 3, 2006.

＊86　7兆ドルについては次から。Oxfam Briefing Paper, Jan. 18, 2016. 21兆ドルについては次から。Interview with James Henry, "World's Super-Rich Hide $21 Trillion Offshore," *RFE/RL,* July 31, 2016.

＊87　Anders Åslund, "Putin's greatest weakness may be located on US shores," *The Hill,* Oct.

17, 2017; Harding, *Collusion,* 244; Anne Applebaum, "The ugly way Trump's rise and Putin's are connected," *WP,* July 25, 2017. トランプ・タワーでの会合については、Sharon LaFraniere and Andrew E. Kramer, "Talking Points Brought to Trump Tower Meeting Were Shared with Kremlin," *NYT,* Oct. 27, 2017.

＊88　Unger, "Trump's Russian Laundromat." トランプのツイートの引用は、Tweet, Jan. 6, 2018. ロンドンでは泥棒がロシア訛りの金持ちの家に押し入るやり方を話していた。『プーチンのユートピア』に出てくる。Pomerantsev, *Nothing Is True,* 219.

＊89　次を参照。Tony Judt and Timothy Snyder, *Thinking the Twentieth Century* (New York: Penguin, 2012).〔トニー・ジャット『20世紀を考える』ティモシー・スナイダー聞き手、河野真太郎訳、みすず書房、2015年〕。

＊90　統計と、組合加入率の低下と不平等の関係については次を参照。Bruce Western and Jake Rosenfeld, "Unions, Norms, and the Rise in U.S. Wage Inequality," *American Sociological Review,* vol. 76, no. 4, 2011, 513–37. ウエスタンとローゼンフェルドの推定では、組合離れが不平等増加の原因の3分の1から5分の1を占めている。税法については、Thomas Piketty, Emmanuel Saez, and Gabriel Zucman, *Distributional Accounts: Methods and Estimates for the United States* (Cambridge, Mass.: National Bureau of Economic Research, 2016), 28.

＊91　本段落に出てくる数字は（特に断りがないかぎり）次から。Piketty, Saez, Zucman, "Distributional Accounts," 1, 17, 19. 2016.　7%から22%に、222倍から1120倍については次から。Emmanuel Saez and Gabriel Zucman, "Wealth Inequality in the United States Since 1913: Evidence from Capitalized Income Tax Data," National Bureau of Economic Research, Working Paper 20265, Oct. 2014, 1, 23.

＊92　「時間の感覚も、信じる気持ちもなくしてしまうんだよ」については、Katznelson, *Fear Itself,* 12. 以下も参照。Studs Terkel, *Hard Times* (New York: Pantheon Books, 1970).〔スタッズ・ターケル『大恐慌！』小林等ほか訳、作品社、2010年〕。世代により期待が変わってきていることについては、Raj Chetty et al., "The fading American dream," *Science,* vol. 356, April 28, 2017. 3分の1も減少については、Mark Muro, "Manufacturing jobs aren't coming back," *MIT Technology Review,* Nov. 18, 2016.

＊93　不平等に晒されることについては、Benjamin Newman, Christopher Johnston, and Patrick Lown, "False Consciousness or Class Awareness?" *American Journal of Political Science,* vol. 59, no. 2, 326–40. 教育の経済的価値が上がっていることについては、"The Rising Cost of Not Going to College," Pew Research Center, Feb. 11, 2014. 両親との同居については、Rebecca Beyer, "This is not your parents' economy," *Stanford,* July–Aug. 2017, 46. 貧困家庭の子どもたちについては、Melissa Schettini Kearney, "Income Inequality in the United States," testimony before the Joint Economic Committee of the U.S. Congress, Jan. 16, 2014. サンフランシスコの公立学校教員の話は次から。Rebecca Solnit, "Death by Gentrification," in John Freeman, ed., *Tales of Two Americas:*

Stories of Inequality in a Divided Nation (New York: Penguin, 2017). 大学進学のために借金については、Casselman, "Wealth Grew Broadly Over Three Years, but Inequality Also Widened," *NYT,* Sept. 28, 2017.

＊94　ウォーレン・バフェットの発言は次から引用。Mark Stelzner, *Economic Inequality and Policy Control in the United States* (New York: Palgrave Macmillan, 2015), 3. 公的医療保険制度の崩壊とトランプへの投票については、次の註＊95を参照。

＊95　郡レベルでの公的保険医療の危機とトランプの獲得票については、J. Wasfy et al., "County community health associations of net voting shift in the 2016 U.S. presidential election," *PLoS ONE,* vol. 12, no. 10, 2017; Shannon Monnat, "Deaths of Despair and Support for Trump in the 2016 Presidential Election," Research Brief, 2016. 以下も参照。"The Presidential Election: Illness as Indicator," *The Economist,* Nov. 19, 2016. 不平等と公的保険医療の危機については、John Lynch et al., "Is Inequality a Determinant of Population Health?" *The Milbank Quarterly,* vol. 82, no. 1, 2004, 62, 81, sic passim. 農業従事者の自殺率については、Debbie Weingarten, "Why are America's farmers killing themselves in record numbers?" *TG,* Dec. 6, 2017.　2014年には毎日ほぼ20人の退役軍人が自殺したことについては、"Suicide Among Veterans and Other Americans," U.S. Department of Veteran Affairs, Aug. 3, 2016, 4.

＊96　Sam Quinones, *Dreamland: The True Tale of America's Opiate Epidemic* (London: Bloomsbury Press, 2016), 87, 97, 125, 126, 133, 327.〔医学雑誌で〕一般的なことを知るためには、Nora A. Volkow and A. Thomas McLellan, "Opioid Abuse in Chronic Pain: Misconceptions and Mitigation Strategies," *New England Journal of Medicine,* vol. 374, March 31, 2016.

＊97　Quinones, *Dreamland,* 134, 147, 190, 193, 268, 276. 以下も参照。Sabrina Tavernise, "Ohio County Losing Its Young to Painkillers' Grip," *NYT,* April 19, 2011. さらなる検討を要するもう一つのパターンについては、Jan Hoffman, "In Opioid Battle, Cherokee Look to Tribal Court," *NYT,* Dec. 17, 2017.

＊98　ゾンビの考えについては、Shore, *Ukrainian Nights.*

＊99　Anne Case and Angus Deaton, "Rising morbidity and mortality in midlife among white non-Hispanic Americans in the 21st century," *PNAS,* vol. 112, no. 49, Dec. 8, 2015. 以下も参照。Case and Deaton, "Mortality and morbidity in the 21st century," Brookings Paper, March 17, 2017, pain medication at 32. 2015年、16年の平均余命、6万3600人という数値、死亡率が1996年から2016年にかけて3倍になったことについては、Kim Palmer, "Life expectancy is down for a second year," *USA Today,* Dec. 21, 2017. 予備選挙での健闘については、Jeff Guo, "Death predicts whether people vote for Donald Trump," *WP,* March 3, 2016.

＊100　Volkow and McLellan, "Opioid Abuse in Chronic Pain," 1257; Quinones, *Dreamland,* 293. デヴィッド・フォスター・ウォーレス（1962年－2008年）の1996年の作品

『永遠の戯れ』（*Infinite Jest*〔邦訳なし〕）は20年後の予言に思える。

＊101　サイオト郡とコーアス郡については、Monnat, "Deaths of Despair." オハイオ州とペンシルヴェニア州の諸郡については、Kathlyn Fydl, "The Oxy Electorate," *Medium,* Nov. 16, 2016; Harrison Jacobs, "The revenge of the 'Oxy electorate' helped fuel Trump's election upset," *BI,* Nov. 23, 2016. ミンゴ郡については、Lindsay Bever, "A town of 3,200 was flooded with nearly 21 million pain pills," *WP,* Jan. 31, 2018. 以下も参照。Sam Quinones, "Donald Trump and Opiates in America," *Medium,* Nov. 21, 2016.

＊102　91日で、については、Fact Checker, *WP,* Oct. 10, 2017. 298: Fact Checker, *WP,* Nov. 14, 2017. トランプとオバマやブッシュとの比較を知るには、David Leonhardt, "Trump's Lies vs. Obama's," *NYT,* Dec. 17, 2017.「30分のインタビューのあいだに」については、Fact Checker, *NYT,* Dec. 29, 2017.「我らが不正直な大統領」という題名で『ロサンゼルス・タイムズ』紙が発表した一覧も参照のこと。

＊103　「アメリカ国民の敵」については、Michael M. Grynbaum, "Trump Calls the News Media the 'Enemy of the American People,'" *NYT,* Feb. 17, 2017.「フェイク・ニュース」発言については、"Trump, in New TV Ad, Declares First 100 Days a Success," *NYT,* May 1, 2017; Donald Trump, Tweet, Jan. 6, 2018: "the Fake News Mainstream Media". 参考までに次を参照。"The Kremlin's Fake Fake-News Debunker," *RFE/RL,* Feb. 22, 2017.

＊104　次を参照。Matthew Gentzkow, "Polarization in 2016," Stanford University, 2016.

＊105　トランプの理想としての1930年代については、Wolff, "Ringside with Steve Bannon"; Timothy Snyder, "Trump Is Ushering In a Dark New Conservatism," *TG,* July 15, 2017.「1929年からこのかた……上位0.1%と」については、Saez and Zucman, "Wealth Inequality," 3. 参考までに次を参照。Robbie J. Taylor, Cassandra G. Burton-Wood, and Maryanne Garry, "America was Great When Nationally Relevant Events Occurred and When Americans Were Young," *Journal of Applied Memory and Cognition,* vol. 30, 2017. そうした現実とは異なるもう一つの世界については、フィリップ・ロスの『プロット・アゲンスト・アメリカ――もしもアメリカが…』〔柴田元幸訳、集英社、2014年〕に描かれている。

＊106　異なった語（「反歴史」（"anti-history"））を使いながらもジル・ルポール（Jill Lepore）はティーパーティー運動について次の書で同様の主張をしている。*The Whites of Their Eyes*（Princeton: Princeton UP, 2010）, 5, 8, 15, 64, 125.「アメリカ・ファースト」を叫ぶトランプの演説は、Speech in Miami, Sept. 16, 2016: "America first, folks. America first. America. Right, America first. America first."「アメリカ・ファースト」はまた就任演説のテーマでもあった。次を参照。Frank Rich, "Trump's Appeasers," *New York,* Nov. 1, 2016.

＊107　次を参照。Timothy Snyder, "The White House Forgets the Holocaust (Again)," *TG,* April 11, 2017. ナバホ族の退役軍人招待については、Felicia Fonseca and Laurie

Kellman, "Trump's 'Pocahontas' jab stuns families of Navajo war vets," AP, Nov. 28, 2017.

＊108　宦官については、Kiselev, "Vesti Nedeli," Rossiia Odin, Nov. 20, 2016.「寝取られ保守」(cuckservative) については、Dana Schwarts, "Why Angry White Men Love Calling People 'Cucks,'" *Gentleman's Quarterly,* Aug. 1, 2016. バーサリズムについては、Jeff Greenfield, "Donald Trump's Birther Strategy," *Politico,* July 22, 2015.

＊109　"Trump on Civil War," *NYT,* May 1, 2017; Philip Bump, "Historians respond to John F. Kelly's Civil War remarks," *WP,* Oct. 31, 2017. 奴隷制はアメリカの初期の歴史を通じて妥協の対象だった――人口を算えるうえでアフリカ系は5分の3とする妥協〔1788年、憲法批准時〕から、19世紀に入っての奴隷州、自由州の連邦加入に関わる難しく結局は維持できなかった妥協〔奴隷州、自由州の概念は建国時点から存在〕まで。自国の歴史を誤って解釈するのは、永遠の政治には欠かせないことなのだ〔本書第4章註＊41の段落を参照〕。シンボルについては、Sara Bloomfield, "White supremacists are openly using Nazi symbols," *WP,* Aug. 22, 2017.

＊110　Rosie Gray, "Trump Defends White-Nationalist Protestors: 'Some Very Fine People on Both Sides,'" *WP*, Aug. 15, 2017. W. E. B. Du Bois, *Black Reconstruction: An Essay Toward a History of the Part Which Black Folk Played in the Attempt to Reconstruct Democracy in America, 1860–1880* (New York: Harcourt, Brace and Company, 1935), at 241 (次のページも) 285. Will Rogers, *The Autobiography of Will Rogers,* ed. Donald Day (New York: Lancet, 1963), 281. W・E・B・デュボイスはアフリカ系アメリカ人〔父親はハイチ人〕、ウィル・ロジャーズはチェロキー族の血を引いていると認識されていた〔32分の9がチェロキー族の血統とされる〕。

＊111　Patrick Condon, "Urban-Rural Split in Minnesota," *Minnesota Star-Tribune,* Jan. 25, 2015; "Rural Divide" (Rural and Small-Town America Poll), June 17, 2017; Nathan Kelly and Peter Enns, "Inequality and the Dynamics of Public Opinion," *American Journal of Political Science,* vol. 54, no. 4, 2010, 867. ある世論調査ではトランプ投票者の45%がアメリカでは白人が「たいへんな差別」を被っていると述べたが、一方、黒人の方がと認めるのはわずか22%だった。もう一つの世論調査では、トランプ投票者の44%が黒人やヒスパニックに取って代わられると述べたが、その逆を認めたのは16%だった。それぞれの世論調査は、Huffington Post/YouGov Poll reported in *HP,* Nov. 21, 2016; Washington Post/Kaiser Family Foundation Poll reported in *WP,* Aug. 2, 2016.

＊112　暴力の例は次から。Richard Cohen, "Welcome to Donald Trump's America," SPLC Report, Summer 2017; Ryan Lenz et al., "100 Days in Trump's America," Southern Poverty Law Center, 2017. 学校での人種的緊張については次を参照。Christina Wilkie, "'The Trump Effect': Hatred, Fear and Bullying on the Rise in Schools," *HP,* April 13, 2016; Dan Barry and John Eligon, "A Rallying Cry or a Racial Taunt," *NYT,* Dec. 17, 2017. ハリケーンへの対応の違いについては、Ron Nixon and Matt Stevens, "Harvey,

Irma, Maria: Trump Administration's Response Compared," *NYT,* Sept. 27, 2017. 激しい非難の計画については、Timothy Snyder, "The VOICE program enables citizens to denounce," *Boston Globe,* May 6, 2017. 抗議者への報酬発言については、"Trump Lashes Out at Protestors," *DB,* April 16, 2017. ホロコースト否定などについては、Snyder, "White House forgets." "Son of a bitch": Aric Jenkins, "Read President Trump's NFL Speech on National Anthem Protests," *Time,* Sept. 23, 2017. 次も参照。Victor Klemperer, *The Language of the Third Reich,* trans. Martin Brady (London: Continuum, 2006).〔ヴィクトール・クレムペラー『第三帝国の言語「LTI」――ある言語学者のノート』羽田洋ほか訳、法政大学出版局、1974年〕。

＊113　Michael I. Norton and Samuel R. Sommers, "Whites See Racism as a Zero-Sum Game That They Are Now Losing," *Perspectives on Psychological Science,* vol. 6, no. 215, 2011; Kelly and Enns, "Inequality and the Dynamics of Public Opinion"; Victor Tan Chen, "Getting Ahead by Hard Work," July 18, 2015. 2017年5月24日に健康保険について聞かれて、下院議員候補者グレッグ・ジャンフォルテは〔『ザ・ガーディアン』紙の〕政治記者に暴力をふるった。この行為が暴露したのは、「要は痛みを与えること」ということだ。いったん政治家が彼らの仕事は痛みを生じさせ、蔓延させることだと信じこんだなら、健康について語るのは挑発となってしまう。

＊114　Ed Pilkington, "Trump turning US into 'world champion of extreme inequality,' UN envoy warns," *TG,* Dec. 15, 2017.　1300万のアメリカ人については〔この数字には疑問が残る〕、Sy Mukherjee, "The GOP Tax Bill Repeals Obamacare's Individual Mandate," *Fortune,* Dec. 20, 2017. トランプの発言については、"Excerpts from Trump's Interview with the *Times,*" *NYT,* Dec. 28, 2017.

＊115　次を参照。Katznelson, *Fear Itself,* 33, sic passim. 参考までに次を参照。Zygmunt Bauman, *Liquid Modernity* (London: Polity, 2000): "the dearth of workable solutions at their disposal needs to be compensated for by imaginary ones."〔ジークムント・バウマン『リキッド・モダニティ――液状化する社会』森田典正訳、大月書店、2001年〕。もちろん、個人にはともかく政府には採用できる実行可能な解決法がいくらかあるのだ。実行可能性が採用できないように見せるのは政治的レイシズムの重要な目的（タスク）であり、実行可能性の問題を生じさえさせないのは政治的作り話の重要な目的（タスク）である。〔『暴政』の117頁から118頁にかけて、バウマンの『リキッド・モダニティ』に触れている箇所がある。引用すると、「これは、リトアニアの政治理論家レオニダス・ドンスキスが「流動的な悪《リキッド・イーブル》」と呼んだ感覚です（同名著書の共著者のジグムント・バウマンが、もともと「流動的な近代《リキッド・モダニティ》」などのようにリキッドというメタファーを導入しています）」〕。より代表制の性格の強い民主政治をつくるための提案については次を参照。Martin Gilens, *Affluence and Influence* (Princeton: Princeton UP, 2012), chapter 8. 不平等を縮小させるための提案については次を参照。World Inequality Report, 2017, wir2018.

wid .world.

＊116　ネガティヴ・サム・ゲームについてのこうした主張は次でなされている。Volodomyr Yermolenko, “Russia, zoopolitics, and information bombs,” *Euromaidan Press,* May 26, 2015.

＊117　「はじめてづくし」については、Levitsky and Ziblatt, *How Democracies Die,* 61–64. トランプがクリントンを撃てと示唆した例 2 つについては次を参照〔トランプ自身のリスキーな発言 2 つからの引用もここで見られる〕。Wilmington, North Carolina, Aug. 9, 2016: “If she gets to pick her judges, nothing you can do, folks. Although the Second Amendment people, maybe there is.” Miami, Sept. 16, 2016: “I think that her bodyguards should drop all of their weapons. They should disarm them, right? I think they should disarm them immediately. What do you think? Yes? Yeah. Take their guns away. She doesn’t want guns. Take their . . . Let’s see what happens to her.” 世界中の独裁者については、“Trump’s ‘Very Friendly’ Talks with Duterte,” *NYT,* April 30, 2017; Lauren Gambino, “Trump congratulates Erdoğan,” *TG,* April 18, 2017. 中国の習近平へのトランプの言及については、“Excerpts from Trump’s Interview with the *Times,” NYT,* Dec. 28, 2017.「死せる魂」については、PK, Nov. 1, 2016.

＊118　いわゆる投票者抑制委員会は、ホワイトハウス内部で 1 年間機能し、その後法的な問題を避けるために国土安全保障省（DHS）に移管された。Michael Tackett and Michael Wines, “Trump Disbands Commission on Voter Fraud,” *NYT,* Jan. 3, 2018. トランプが思い描いていた「一大事件」については、Eric Levitz, “The President Seems to Think a Second 9/11 Would Have Its Upsides,” *NY,* Jan. 30, 2018; Yamiche Alcindor, “Trump says it will be hard to unify the country without a ‘major event,’ ” PBS, Jan. 30, 2018. 以下も参照。Mark Edele and Michael Geyer, “States of Exception,” in Michael Geyer and Sheila Fitzpatrick, eds., *Beyond Totalitarianism*（Cambridge, UK: Cambridge UP, 2009）, 345–95.

＊119　筆者はここでアメリカにとっての差し迫った危機を重要視している。地球的規模で大量虐殺を再現する可能性については、筆者の『ブラックアース』の「終章」を参照。

引用一覧

段落単位での引用は一つもない。下記の「段落番号」は本文中のどこに引用箇所があるかを知るためである。

第 1 章　註＊26 の段落「レビ記」19 章 33 – 34 節、および、第 5 章　註＊2 の次の

段落「コリントの信徒への手紙」13章12節。前者は旧約、後者は新約のために刊行年度はそれぞれ1954年、1955年になっているが、『口語訳聖書』は現在パブリックドメインとなっている。
第5章　エピグラフ　パウル・ツェラン「死のフーガ」より（『パウル・ツェラン詩集』飯吉光男編・訳、小澤書店、1993年、18頁）
第6章　エピグラフ　『ザ・フェデラリスト』より（齋藤眞・武則忠見訳、福村出版、1991年、332頁）
同　註＊14の段落　T・S・エリオット「うつろな男たち」より（『エリオット詩集』、田村隆一訳、彌生書房、1967年、99-100頁）
同　註＊14の次の段落　ジョージ・オーウェル『一九八四年』より（高橋和久訳、早川書房、2007年、397頁）
　なお、以下の3点からの引用はすべて池田年穂訳であるので特に断らない。
『赤い大公——ハプスブルク家と東欧の20世紀』（ティモシー・スナイダー、慶應義塾大学出版会、2014年）
『ブラックアース——ホロコーストの歴史と警告』（ティモシー・スナイダー、慶應義塾大学出版会、2016年）
『プーチンのユートピア——21世紀ロシアとプロパガンダ』（ピーター・ポマランツェフ、慶應義塾大学出版会、2018年）